Erdal

Vorwort Reinhard Knittler

Ein Mann soll in seinem Leben einen Baum pflanzen, eine Familie gründen und ein Buch schreiben. Letzteres war meine ursprüngliche Motivation für die Entstehung dieses Buches. Nun ist es endlich soweit. Seit fünf Jahren arbeiten wir an unserem ersten Buchprojekt „Urgesteine der Reinigungsbranche". Die Reinigungsbranche ist eine der innovativsten und lebendigsten Branchen der deutschen Industrie. Die Branche erwirtschaftete 2015 einen Umsatz von über 15,9 Milliarden Euro, circa 600.000 Menschen und mehr als 30.000 Betriebe sorgen für unsere Sauberkeit. Die Zulieferindustrie der Reinigungsbranche bringt Jahr für Jahr neue innovative Produkte heraus. Einen Teil der Gründer dieser Unternehmen stellen wir in dem vorliegenden Buch vor. Wir beschränken uns hierbei bewusst auf Personen, die wir persönlich interviewen durften. Koryphäen wie Alfred Kärcher, Harald Koch, Till Necker, Max Salmon und viele andere konnten wir leider nicht mehr befragen. In diesem Buch stellen wir 34 Persönlichkeiten der Reinigungsbranche vor. Wenn man davon ausgeht, dass wir einen Tag für das Interview selbst, einen Tag für das Schreiben und Redigieren des Textes und einen Tag für den grafischen Aufbau und die Freigabe benötigten, so stecken in diesem Buch 102 Tage. Patrick Merck, arbeitet seit 9 Jahren für unseren Verlag. Er hat fast alle Interviews geführt und geschrieben. Volker Beck und Dr. Georg Schildhammer sind die Autoren von jeweils einem Interview. Ganz besonderer Dank gilt meinem Sohn Daniel, der mich auf vielen Fahrten begleitet hat, fotografiert hat und somit Gelegenheit hatte, die Urgesteine persönlich kennen zu lernen. Natürlich steht hinter diesem Buch meine gesamte Verlagsmannschaft, die viel Detailarbeit geleistet hat, hierfür herzlichen Dank. Unseren Interviewpartnern nochmals vielen Dank für Ihre Zeit, Ihre Offenheit und den Mut, uns etwas aus ihrem Leben mitzuteilen.

Vorwort Patrick Merck

Es ist keineswegs selbstverständlich, mit einem eher unbekannten Menschen über das eigene Leben, dessen Höhen und Tiefen sowie Erwartungen und Hoffnungen zu sprechen. Dafür, dass mir dieses Vertrauen in den vergangenen Jahren mehr als einmal entgegengebracht wurde, möchte ich mich bei allen Gesprächspartnerinnen und Gesprächspartnern herzlich bedanken. Dazu kommt, dass es für die meisten Menschen, mit denen ich Dank Reinhard Knittler und des Reinigungs Markts lange und intensive Gespräche führen durfte, Neuland war, laut über ihre Geschichte nachzudenken.

Kein Portrait ist wie ein anderes. So verschieden die Menschen sind, deren Geschichte in diesem Buch erzählt wird, so unterschiedlich waren auch die Bedingungen, unter denen die vorbereitenden Gespräche oder Interviews dazu stattfanden: in Flughafenrestaurants und normalen Gaststätten, in Besprechungsräumen und Büros, an Schreibtischen, auf Terrassen, an Messeständen und an Stehtischen, in den Niederlanden, in der Schweiz, in Italien, Österreich und Deutschland. Mal war das Zeitfenster gross, mal unbeschränkt, mal limitiert. Einige Gespräche waren unter vier Augen, bei anderen waren Familienangehörige oder enge Mitarbeiterinnen und Mitarbeiter dabei. Daher ist jedes Porträt ein Zeitdokument. Zu jedem anderen Zeitpunkt, an jedem anderen Ort wäre das Ergebnis ein anderes.

Danke, dass ich Teil vieler dieser Zeitdokumente sein darf.

Patrick Merck

INHALTSVERZEICHNIS:

Urgesteine der Reinigungsbranche: Wilhelm Blatz

„Tu, was du gern tust, dann musst du nie arbeiten“

Wilhelm Blatz könnte längst die Beine hochlegen. Doch Müßiggang ist seine Sache nicht: Der 1938 geborene Hesse mit dem fröhlichen Lachen ist zwar eher selten im Büro anzutreffen, aber nur, weil er lieber draußen ist und mit Kunden im Gespräch ist. Auch nach dem Gespräch mit Reinigungs Markt-Herausgeber Reinhard Knittler, Reinigungs Markt-Geschäftsführer Daniel Knittler sowie Reinigungs Markt-Korrespondent Patrick Merck hat es der Geschäftsmann eilig: Er muss noch Koffer packen und den ICE nach Berlin erwischen.

Ein Satz steht über allem: „Ich verkaufe gern." Es ist eine zeitlose Aussage, da sie den Werdegang von Wilhelm Blatz von seinen ersten beruflichen Schritten bis heute beschreibt. Und diese Zeitrechnung beginnt mit seinem Grundwehrdienst.
Geboren wird Wilhelm Blatz, den seine Umgebung und Freunde nur als Willi kennen, am 12. November 1938 in Hanau als drittes von fünf Kindern. Der Großvater hat ein Friseurgeschäft in Frankfurt, sein Vater ist in leitender Funktion an der Gewerblichen Berufsschule in Hanau, der heutigen Ludwig-Geißler-Schule. Nach der Schule „und mit null Ahnung", wie er bekennt, entscheidet sich der damals 14-Jährige mehr oder weniger aus dem Bauch heraus für eine Ausbildung zum Feinmechaniker. Da sein Vater diese Berufsgruppe unterrichtet und zu Hause von ihr auch berichtet, weckt dies das Interesse des Jungen. „Das war der einzige Grund!"
Drei Jahre dauert die Ausbildung bei Heraeus. Während dieser Zeit lernt Willi Blatz nicht nur das Wesen des Metallhandwerks, sondern auch die Wege des Handels. Unter anderem werden in dem Unternehmen, in das er nach der Lehre wechselt, ausgediente Karusselldrehbänke von Daimler aufbereitet und gewinnbringend weiterverkauft. Sobald einer dieser Aufträge im Haus ist, müssen seine Kollegen und er drei Tage am Stück ran. Hanau ist in den 1950ern aber nicht nur Standort von Schwerindustrie, sondern beherbergt auch eine große US-amerikanische Garnison. Dort gibt es für junge Leute viele Jobs. Auch für den Metaller. Und so macht sich Wilhelm Blatz nach Feierabend auf den Weg in die Kaserne, um dort in der Bierhalle mit seinem Bruder Eugen zusammen Bier auszuschenken.„Das wurde nicht gezapft, sondern kam in Flaschen. Wir mussten das dann in die Gläser füllen", beschreibt der 78-Jährige die gut bezahlte Arbeit und lächelt bei der Erinnerung. „Das Beste war aber, dass die Küche direkt unter der Bierhalle lag." Und so gab es für die beiden Jungs auch immer ein paar Häppchen. Seine Augen leuchten: „Ich hätt' da auch umsonst geschafft. Also nur fürs Essen!", sagt Willi Blatz und lehnt sich zurück. Zumal die Arbeit für die US-Army weitere Vorteile mit sich bringt. „Im PX, also dem Einkaufszentrum, gab es alles!" Technik, Süßigkeiten und all die Dinge, die im deutschen Alltag nicht in dieser Fülle erhältlich waren. „Wir mussten natürlich aufpassen, um nicht erwischt zu werden." Denn erlaubt war der Einkauf nur den Armeeangehörigen. Allerdings waren die beiden Jungen aufgrund ihrer Tätigkeit in der Bierhalle bekannt, und so wurde auch mal ein Auge zugedrückt. Er streckt sich. „Ich hab' einfach immer Glück gehabt", fasst er die Zeit zusammen, die nach sechs Monaten endet. Er wird eingezogen, leistet seinen Wehrdienst ab.
Das Glück bleibt ihm auch weiter hold: Während seiner Zeit bei der Bundeswehr entschließt sich Willi Blatz dazu, einen anderen Berufsweg einzuschlagen. Der Verdienst in der Metallbranche mit 44 Pfennigen pro Stunde war auf Dauer nicht das, was sich der intelligente Mann vom Leben vorstellte. Dazu kommt, dass er auf einem Batzen Schulden sitzt. Genauer gesagt sind es 2000 Mark. Und das hat er seinem ältesten Bruder Hermann, einem Bankkaufmann, zu verdanken. „Der war geschickt", zollt ihm Willi Blatz heute noch Respekt. Um den Kauf des Elternhauses zu finanzieren, übernimmt er auf Vermittlung von Hermann Blatz einen Teil der Anzahlung. Geld war ansonsten nämlich knapp, da der Vater nach Kriegsende sich erst wieder beruflich auf die Beine stellen musste. So kommt der älteste Bruder in den Genuss der Provision, und der jüngere in ein Finanzierungsdilemma. „Mit meinem Gehalt allein hätte ich das nie abbezahlen können." Doch der Bruder hat auch gleich eine Idee – und die steckt in einer Annonce. „Gesucht wurde ein Verkäufer".Willi Blatz findet sich also zum vereinbarten Zeitpunkt bei der Adresse im Frankfurter Stadtteil Sachsenhausen ein. Wartet geduldig zwei Stunden, ohne dass jemand wirklich Notiz von ihm nimmt, um dann mitgenommen zu werden. Er weiß nicht, wohin es geht. Er weiß nicht, wo-

rum es geht. Eingeklemmt zwischen zwei Anzugträgern auf der Rückbank fährt er in einem VW Käfer nach Dietzenbach südöstlich von Frankfurt. Auch dort warten die Männer noch eine Weile, bevor sie sich aufmachen, um ihre Ware an der Haustür anzubieten. Und erst da erkennt der Novize, worum es geht: um Küchenmaschinen.„Die wurden für 400 Mark verkauft. Die Provision lag bei 100 Mark!“ Ein paar Tage läuft er mit, dann muss er selber ran. „Mir ist bald das Herz in die Hose gerutscht, als ich die ersten Male an fremden Türen geklingelt habe.“ Doch der Erfolg stellt sich ein, und mit ihm auch die nötige Sicherheit. „Bei Heraeus habe ich in der Woche so um die 40 Mark verdient, mit dem Verkauf der Maschinen waren es ein- bis zweihundert Mark.“
Damit kommt Willi Blatz nicht nur in neue Verdienstregionen, sondern auch in eine eigene Welt: die der guten Verkäufer. Auf den Verkauf von Küchenmaschinen folgt der von Gasherden und Gaskühlschränken für ein anderes Unternehmen. Doch es sind nicht nur die Geräte, die von Willi Blatz veräußert werden. Auch die Finanzierung dieser etwas hochpreisigen Küchengeräte ist Teil seiner Strategie. Statt 100 Euro Provision pro verkaufter Einheit sind es jetzt zwischen 400 und 500 Mark. Und als einer seiner Kollegen zu einer Aussteuerfirma nach Nordrhein-Westfalen wechselt, ist er mit dabei. Drei Jahre ist er für das Unternehmen aus Bad Oeynhausen aktiv, da wird der Wunsch nach einer eigenen Firma zu groß. Er kündigt.
Zu diesem Zeitpunkt ist der Handlungsreisende Willi Blatz längst in festen Händen. 1962 fragen drei junge Frauen im Hanauer Jazzkeller eine Gruppe Jungs, ob bei ihnen am Tisch noch Platz sei. „Hier is'n Blatz“, schallt es fröhlich zurück. Man unterhält sich, versteht sich – und kurze Zeit später sind Helmtraud Ille und Wilhelm Blatz ein Paar. Mehr als das: Die Bankkauffrau und der Verkäufer wagen den Schritt in die Selbstständigkeit. 1965 entsteht die Ille Aussteuer, offiziell gegründet allein von Helmtraud Ille, da ihr späterer Ehemann aufgrund seiner bisherigen Tätigkeit für ein Unternehmen in der gleichen Branche dies nicht tun darf. Firmensitz ist anfangs das Wohnhaus der Familie Blatz in Hanau, wo Willi noch wohnt. Doch wenig später beziehen sie eine Doppelhaushälfte in Roßdorf, einem Ortsteil von Bruchköbel, keine zehn Kilometer nördlich seiner Heimatstadt. Die beiden Jungunternehmer haben eine strikte Arbeitsaufteilung, berichtet Willi Blatz: „Meine Frau hat sich um alles Organisatorische und Kaufmännische gekümmert. Ich hatte nur die Aufgabe, Aufträge zu schreiben.“ Alles, was zukünftige Ehefrauen für den späteren Ehestand und Haushalt mitzubringen hatten, gibt es bei Ille. „Bett- und Tischwäsche, Geschirr, Besteck, Kolter – so sagen wir in Hessen zur Kuscheldecke, Frotteetücher und anderes mehr.“ Er legt eine kurze Pause ein. „Das kann man sich heute gar nicht mehr vorstellen“, sagt der 78-Jährige über die nahezu in Vergessenheit geratene Mitgift. Die Arbeitsaufteilung der ersten Stunde bewährt sich. Willi Blatz hat da eine klare Meinung: „Man darf einen Verkäufer nicht mit negativen Dingen belasten. Nur wenn man frei ist, kann man verkaufen.“ Er schreibt Aufträge, und er hört genau hin, was die wachsende Kundenschar erwartet. Doch die Zahl der Kunden sinkt: Große Anbieter, die via Katalog verkaufen, erschweren den Direktvertrieb, das geänderte Rücktrittsrecht verschlechtert die Lage weiter. Dem findigen Unternehmer wird klar: „Wir brauchen ein zweites Standbein.“ Die kleine Firma Ille wagt den Sprung vom Anbieter für Aussteuer im privaten Sektor hin zur Ausstattung von Gastronomie und Hotellerie. Im Mittelpunkt stehen Handtücher, berichtet Willi Blatz von den 1970er-Jahren. Zu diesem Zeitpunkt sind Helmtraud und Willi Blatz nicht nur bereits vier Jahre verheiratet, sondern auch Eltern von Marion und Christiane. Auch wenn die Firma bei Willi Blatz an erster Stelle steht, nimmt er sich für die Familie bewusst Zeit. Dazu gehört auch, seine Töchter an Wochenenden auf Reitturniere zu begleiten und dafür zu sorgen, dass Reiterinnen und Pferde eine schöne Zeit haben. Ansonsten braucht Willi

Blatz nicht viel: „Tu, was du gern tust, dann musst du nie arbeiten“, lautet einer seiner Wahlsprüche. Der Schritt zum bundesweit agierenden Fachhändler ist mit viel Kreativität verbunden. Er beginnt mit der Vermietung von Handtuchrollen. Das mag auf den ersten Blick einfach erscheinen, auf den zweiten war es das nicht. Zwar gab es sofort genügend Kunden und Interessenten, aber keine Wäscherei rund um Hanau, die in der Lage war, Handtuchrollen zu waschen und sie anschließend wieder so aufzurollen, dass sie in den Automaten eingesetzt werden konnte. In zäher Handarbeit wurden daher bei Ille Handtuchrollen anfangs ordentlich aufgerollt, bis eine Wäscherei diese Aufgabe übernehmen konnte. Aus Ille Aussteuer wurde Ille Handtuchautomaten-Service. Der Firmensitz ist zwar weiterhin in Bruchköbel, aber längst nicht mehr in der Doppelhaushälfte. Nach einem Intermezzo in einer ehemaligen Schule, bezieht das Unternehmen mit seinen mittlerweile mehr als zehn Mitarbeitern 1972 sein erstes eigenes und repräsentatives Gebäude. Als dann die Wäscherei ankündigt, vier Wochen Urlaub zu machen, ziehen Helmtraud und Wilhelm Blatz die Reißleine. Wieder in Handarbeit Handtuchrollen aufwickeln? Nein Danke! Sie veräußern den Bereich Stoffhandtuch an die CWS und setzen von da an auf Papier. In Kooperation mit Haniel entsteht 1987 die Ille Papier-Service GmbH. In diese Zeit fällt auch der erste Auftritt des wahrscheinlich bekanntesten Produkts: Der Big Willy betritt die Bühne. „Ich wollte eigentlich immer einen Hamburger-Laden eröffnen. Das war so ein Traum“, verrät Willi Blatz. Stattdessen besucht er sie während seiner Touren durch Europa. In einem dieser Läden entdeckt er eine gigantische Toilettenrolle samt Halterung. „Allerdings war die aus Kunststoff und sah nicht allzu gut aus.“ Das System aber findet er klasse, da der Austausch der kleinen Rollen so deutlich weniger seltener vorgenommen werden muss: Eine große Rolle ersetzt 25 normale Rollen. „Aber unsere Halterung muss stabil sein“, ist sein Vorsatz. „Alles aus einer Form gezogen und am besten aus Edelstahl!“ Allein für das Werkzeug für die Produktion muss er 125.000 Mark vorschießen und mindestens 4.000 Stück abnehmen. Nur dann erklärt sich ein Metallunternehmen bereit, die Halterung zu produzieren. Deren Name lautet in Anlehnung an Blatz‘ Wunsch nach einem Hamburger-Restaurant ganz einfach „Big Willy“.Und mit dem Big Willy beginnt auch eine Idee Form anzunehmen: Miete plus Service statt bloß Verkauf. Dazu gibt es ein großes Vorbild, hat er der Süddeutschen Zeitung verraten: „Wir machen es wie Rockefeller. Der hat Öllampen verschenkt, um dann sein Öl zu verkaufen.“ Der Erfolg gibt ihm recht. 2009 übernehmen Helmtraud und Willi Blatz alle Anteile an der Ille Papier-Service GmbH. Außerdem werden die beiden Töchter Marion, verheiratete Gottschalk, und Christiane als Gesellschafterinnen aufgenommen.
Firmensitz ist mittlerweile Altenstadt, knappe zehn Kilometer nördlich von Bruchköbel.Das Ille-System hat anfangs funktioniert und funktioniert noch; auch dank neuer Linien, neuer Ideen. Viele werden von Willi Blatz inspiriert, der auf seinen Touren quer durch Deutschland mit allen Kunden intensiv spricht und Impulse auffängt. Als Erfolgsfaktoren sieht Willi Blatz gerade die einfachen Tugenden an: Ehrlichkeit, Qualität und Verlässlichkeit. „Wenn das stimmt, wirst Du als Unternehmer empfohlen. Und wir haben keinen Tag in der Woche, in der wir nicht eine Empfehlung haben“, sagt er mit Stolz auf seine Leute, sein Unternehmen.
Mittlerweile hat Ille allein in Deutschland neben dem Firmensitz im hessischen Altenstadt 14 Standorte und ist in mehr als 15 Ländern Europas vertreten. Mit Tochter Marion Gottschalk als geschäftsführender Gesellschafterin bleibt es ein echtes Familienunternehmen, und pünktlich zum Jubiläum „50 Jahre Ille“ wurde ein neues, großzügiges Firmengebäude mit vielen Showrooms rund um Big Willy und seine Freunde eingeweiht. So schön es dort auch ist, Willi Blatz ist lieber unterwegs. „Ich verkaufe einfach gern“, sagt er und verabschiedet sich zum Kofferpacken.

Urgesteine der Reinigungsbranche: Meinrad Budich

„Ich schaue nach vorn“

Ein Tisch im Selbstbedienungsrestaurant des Flughafens Pisa. So steril die Umgebung auch ist, Meinrad Budich lässt sich nicht aus der Ruhe bringen. Trotz Radiobeschallung, Flughafendurchsagen und den Gästen, die ihre leeren Tabletts zum Sammelpunkt neben dem schwarzglänzenden Tisch bringen, nimmt er sich Zeit für Reinigungs Markt-Herausgeber Reinhard Knittler, Reinigungs Markt-Geschäftsführer Daniel Knittler und Korrespondent Patrick Merck.

Bevor er zum Interview kommt, hat er seinen Hund versorgt. Erst ein Spaziergang durch die sonnige Gegend mit ihr, danach fährt er allein an den etwa 70 Kilometer entfernten Flughafen. Prioritäten setzen und danach konsequent handeln. Das scheint für den Mann aus Westfalen ein kennzeichnender Wesenszug zu sein. Bella heißt die Beagle-Dame, mit der Meinrad Budich sein Haus in der Toskana teilt. Seit dem Tod seiner Frau im vergangenen Herbst ist sie seine stete Begleiterin
Geboren wird Meinrad Budich in eine Unternehmerfamilie, deren Wurzeln im heutigen Polen liegen. Die 1882 in Oppeln (Opole) gegründete Seifenfabrik floriert unter der Leitung von Reinhold Budich. Sein Sohn Herbert Budich wird ebenfalls Seifensiedemeister und übernimmt 1938 die Fabrik. Doch der zweite Weltkrieg ändert alles. Die Familie flieht Richtung Westen. Herbert Budich muss nach der Kriegsgefangenschaft bei null anfangen. Im Keller einer Schreinerei beginnt der Seifensiedemeister mit dem Wiederaufbau der Firma. Dort in Bünde kommt Meinrad Budich 1946 als erster von zwei Brüdern auf die Welt.
Nach der Schule, die er mit der Mittleren Reife abschließt, absolviert Meinrad Budich auch eine Ausbildung zum Seifensieder. Sein Antrieb liegt allerdings nicht darin, in die Firma des Vaters einzutreten, sondern hat mehr mit Neugier zu tun. Das Handwerk als solches interessiert ihn sehr, doch er strebt nach einem eigenen Weg. Das zeigt sich auch in der Wahl seines Ausbildungsbetriebs: Er lernt nicht im eigenen Haus, sondern es zieht ihn nach Walkenried in den Harz.
Auch er absolviert eine Ausbildung zum Seifensieder, wohl wissend, dass sein Vater der letzte Seifensiedemeister war. Die handwerkliche Fertigkeit, unterschiedlichste Fette und Lauge zu einer Kernseife zu sieden, waren nicht mehr gefragt. Die Produktion von modernen Waschmitteln erforderte die Umwandlung des handwerklichen Betriebs in ein chemisches Unternehmen. Hierfür konnte er in der Ausbildungfirma in Walkenried im Harz Erfahrungen sammeln.
„Da habe ich nicht nur die Techniken kennengelernt, sondern auch tiefe Einblicke in die Struktur eines Unternehmens und den Direktvertrieb erhalten“, zieht er mehr als 50 Jahre später ein positives Fazit. „Ich habe so viele Dinge selber hergestellt: Waschpulver, Kern- und Schmierseife, Hautcreme, aber auch Schuhcreme.“ Ein feines Lächeln umspielt seine Lippen. Dann greift er zum frischen Espresso und nimmt einen Schluck.
Nach der Lehre zieht es ihn noch weiter. Vom Harz will er nach Frankreich – oder noch besser – in die ehemaligen französischen Kolonien Richtung Afrika. Doch die Gesundheit seines Vaters veranlasst ihn umzudenken. Er schiebt seine Pläne auf die lange Bank und tritt ins Familienunternehmen ein. Er entwickelt Ideen, Strategien, Vertriebsstrukturen und ist offen für neue Produkte sowie Prozesse. Das stößt bei Herbert Budich auf Skepsis. Das Geschäft wird bisher dominiert von großen Chargen. Einer der Hauptabnehmer ist die Deutsche Bundespost: Die „BuB“ genannte Bleischutzseife war bei Fernmeldearbeitern beliebt, weil sie mit ihrer Hilfe „auch hartnäckigen Schmutz von ihren Händen entfernen konnten“, heißt es in einer Firmenpräsentation anlässlich der 125-Jahr-Feier 2007.
Mitte der 1970er-Jahre übernimmt Meinrad Budich die Geschäftsführung, 1976 zieht das kleine Unternehmen von Bünde ins nur drei Kilometer entfernt Hiddenhausen und stellt sich neu auf. Unterstützung bei diesem Prozess erhält Meinrad Budich von seiner Frau Waltraud, außerdem ist seine Mutter Helene aktiv ins Unternehmen eingebunden. Die kommenden Jahre sind geprägt von einer rasanten Entwicklung. Unter der Führung von Meinrad Budich wird die Produktpalette erheblich erweitert. Neben dem Ausbau der professionellen Schiene an Reinigungs- und Pflegemitteln für Gebäudereiniger, Krankenhäuser, Großküchen oder Wäschereien sowie Großab-

nehmer, entwickelt Budich auch Produkte für den Privatkundensektor. Mit einher geht eine Vergrößerung des Vertriebsgebiets über Norddeutschland hinaus.
Trotz des Wachstums und Ausbaus der Firma, kommt das Privatleben nicht zu kurz. „Meine Frau hat ja im Unternehmen mitgearbeitet, da haben wir viel Zeit miteinander gehabt", blickt er ernst zurück. Die Firma ist Dreh- und Angelpunkt. Morgens ist Meinrad Budich meist der erste im Betrieb, oft ist er auch derjenige, der das Licht am Ende des Tags löscht. Das ändert sich, als die Familie um drei Kinder wächst. Für gemeinsame Urlaube im Winter und Sommer nimmt er sich Auszeiten. „Wintersport in den Dolomiten, im Sommer gern wandern im Schwarzwald", erzählt Meinrad Budich und schiebt seine leere Espressotasse langsam zur Seite.
1989 ist die Auslastung des Unternehmensstandorts in Hiddenhausen, der 10.000 Quadratmeter Fläche umfasst, am Limit. Es gibt keine Nachbargrundstücke, die für eine Erweiterung genutzt werden könnten. Zwar sind einige Produktionslinien bereits ausgelagert, doch die Nachfrage forciert einen gezielten Ausbau der eigenen Produktion. In der Halle einer Spedition etwa 10 Kilometer entfernt, wird ein Standort aufgebaut, der allerdings nur von kurzer Dauer ist: Da die Spedition Insolvenz anmeldet, müssen Meinrad Budich und seine Mitstreiter Anfang 1990 einen neuen Ort finden. Durch die Öffnung der innerdeutschen Grenze und der Entwicklung einstiger ostdeutscher Betriebsstätten, sind Standorte in Sachsen-Anhalt oder Brandenburg auf einmal eine Option für eine gebündelte Lohnfertigung.
„Mit der Außenhandelsorganisation sind wir zu mehreren Standorten gefahren und haben dort Gespräche geführt", berichtet Meinrad Budich. „In Bitterfeld saßen uns einmal zwölf Funktionäre gegenüber, die von Marktwirtschaft noch kein großes Verständnis hatten. Da wusste ich gleich, dass das nichts wird!" Der letzte Halt bei dieser Reise ist in Wittenberg, und hier stimmt die Chemie zwischen den verhandelnden Parteien. „Hätte es da auch nicht geklappt, wäre die Fahrt umsonst gewesen. Das war purer Zufall!" Es entsteht ein Joint Venture mit der VEB Kombinat „Agrochemie" Pisteritz, das auf die Herstellung von Düngemitteln spezialisiert ist.
Der benötigte Maschinenpark wird nach Apollensdorf gebracht, die Frage der Rohstoffbelieferung gesichert – es kann losgehen. Doch das Glück währt auch hier nur von kurzer Dauer: Auf die Maueröffnung folgt ein Jahr später die Einheit. „Die DDR war weg", sagt Budich trocken. Und damit auch das Unternehmen, denn das Kombinat wird zerschlagen und von der Treuhand zum Kauf angeboten.
Meinrad Budich entscheidet sich dafür, den Standort zu halten. Also tritt er in die Verkaufsverhandlungen ein. 1992 wird der Kaufvertrag unterzeichnet. Die Budich-Gruppe wächst auf einen Schlag um mehr als 80.000 Quadratmeter und erhält einen echten Standort 270 Kilometer Luftlinie östlich von Hiddenhausen und keine 100 Kilometer von Berliner Alexanderplatz entfernt.
Die nächste Runde Espresso steht auf dem Tisch. Reisende ziehen ihre Trolleys auf dem Weg zum Ausgang vorbei, im darunterliegenden Stockwerk bellt ein Hund. Meinrad Budich überlegt. Es steht die Frage im Raum, welche Charaktereigenschaften ihm wichtig sind. „Geradlinigkeit", sagt er dann. Und fügt noch hinzu: „Berechenbarkeit. Ich will berechenbar sein." Gerechtigkeit und Fairness spielen ebenfalls eine Rolle. „Wir müssen viele Rohstoffe einkaufen, genau wie andere Unternehmen auch. Dabei ist mir egal, wie hoch der Preis ist, der verlangt wird. Der Mitbewerber darf ihn bloß nicht günstiger erhalten."
Seit Januar 2015 ist Meinrad Budich nicht mehr ins Tagesgeschäft eingebunden. Seine Tochter Michaela, die schon im Alter von zehn Jahren verkündet hatte, Chef werden zu wollen, übernimmt seine Aufgabe. Aber er ist dem Unternehmen weiterhin eng verbunden und unterstützt seine Tochter sowohl aus seinem Büro in der Toskana

Die Kleen Purgatis-Firmenzentrale in Hiddenhausen.

als auch bei seinen Besuchen in Hiddenhausen. Vor allem der Entwicklung und Verfeinerung von Produkten gilt sein Interesse. Auch arbeitet er gern an Unternehmensstrategien, die allen Unternehmensbereichen zugutekommen. Angetrieben wird er dabei weniger von Ehrgeiz, sondern immer noch von seiner Lust am Entdecken, Nachfragen und Erforschen.

In der erwähnten Präsentation zum 125 Firmenjubiläum wird beschrieben dass es ihm 1993 gelang, als erster Produzent ein wettbewerbsfähiges phosphatfreies Geschirrspülmittel auf den Markt zu bringen, das auch noch zum Sieger bei der Stiftung Warentest gekürt wurde. Diese Kreativität bei der Entwicklung von Produkten zeichnet ihn bis heute aus. Er nennt ein Beispiel: „Ich habe gelernt, dass es nicht ausreicht chemisch perfekte Produkte zu entwickeln. Im professionellen Reinigungsbereich gibt es in einigen Bereichen schlecht ausgebildete Kräfte, die die Gebrauchsanweisung nicht einmal lesen können. Nicht selten werden Sicherheitshinweise missachtet. Dies müssen wir als Herausforderung akzeptieren und die Entwicklung unserer Produkte an diesen Fakten orientieren." Meinrad Budich berichtet, dass er gerade mit seinen „Doktoren im Labor" einen stark alkalischen fettlösenden Tab entwickelt hat, der in wasserlöslicher Folie verpackt ist und ohne Schutzhandschuhe z. B. zur Reinigung von Fritteusen einsetzbar ist. Vor wenige Tagen ist dies als weitere Patentanmeldung bestätigt worden.

Meinrad Budich ist Autodidakt geblieben, der seinen eigenen Weg geht. Der Blick nach vorn ist ihm generell wichtiger als der in die Vergangenheit.

Dr. Claus Butze (links) mit seinem Sohn Jan.

Auch die zweite Chance genutzt

Dr. Claus Butze darf auf zwei erfolgreiche Berufsleben blicken

Bis 1989 war das Leben für Dr. Claus Butze zwar interessant, aber recht planbar. Er ist Direktor für Beschaffung und Absatz im „VEB Edelstahlwerk 8. Mai 1945“, dem damals größten Edelstahllieferanten der DDR. Doch mit der Wende ändert sich das. Und der damals 47-jährige fasste den Entschluss zur Selbständigkeit.

Am 7. Juli 1943 kommt Claus Butze als jüngeres von zwei Kindern im sächsischen Klingenberg zur Welt. Die Gemeinde hat zu diesem Zeitpunkt rund 1000 Einwohner und liegt idyllisch im Tal der Wilden Weißeritz, einen Steinwurf von der tschechoslowakischen Grenze entfernt. Er erlebt die Nachkriegszeit, den Aufbau der DDR und wächst mit und in ihr auf. Sein Vater, Arthur Butze, betreibt trotz der Planwirtschaft einen Lebensmittelladen. Seine Frau Hilde unterstützt ihn dabei. „In der DDR war die Selbständigkeit eine komplizierte Herausforderung", erinnert sich der Sohn. „Sein Handeln und seine Fähigkeit zu Improvisieren haben mich beeindruckt und sicher auch geprägt." Davon wird er profitieren, wenn auch nicht unbedingt am Anfang seines beruflichen Werdegangs. Claus Butze geht zur Schule und besteht 1961 an der Oberschule Freital sein Abitur und zusätzlich einen Facharbeiterbrief. Damit hat er nicht nur die Hochschulreife erlangt, sondern auch eine Ausbildung in der Tasche: Er ist Stahlwerker. Dem ersten Ausbildungsabschnitt folgt das Studium zum Diplom-Ingenieur, 1967 geht er ins Edelstahlwerk. 13 Jahre später ist er dessen Vertriebschef. In dieser Eigenschaft bereist er unter anderem Ägypten, Indien und Österreich, um dort für die Produkte aus Freital zu werben und sie zu verkaufen. Aber er bildet sich auch weiter, will mehr erreichen, und er promoviert. „Ständiges Lernen und Vorwärtsentwickeln gehörten und gehören für mich dazu." Auch davon wird er profitieren.

Und dann ist 1989, und die Welt um Klingenberg hat sich verändert. Die Mauer fällt, ein Jahr später existiert die DDR nicht mehr. Auch für das Edelstahlwerk in Freital kommt das Aus. Zumindest, da ist sich Claus Butze sicher, kündigt es sich an. Es gibt zwar Verhandlungen mit Interessenten, aber der Vertriebschef traut dem Frieden nicht, er sieht keine Perspektive für das Werk. Stattdessen sucht er nach Alternativen - und besinnt sich der Erfahrungen, die er aus seiner Kindheit und Jugend mitgenommen hat. Denn auch die Großeltern waren Kaufleute, seine beiden Onkels als Taxiunternehmer und Gastwirte erfolgreich. Von ihnen weiß er: „Man muss sich einfach an alles rantrauen."

Diese familiären Erfahrungen nennt er Zufall. Doch es gibt noch einen weiteren Faktor, der ihn auf seinen Weg gebracht hat. Auch diesen nennt er Zufall: „Das war der Kontakt mit dem damaligen Verkaufsleiter der Firma Dreiturm." Und während der familiäre Hintergrund sicher zu seiner generellen Entwicklung beigetragen hat, ist der zweite Faktor tatsächlich zufällig entstanden: Er resultiert aus der Aufbruchstimmung rund um die deutsche Einigung und der Namensgleichheit zweier Orte in Ost und West. Es gibt ein Klingenberg am Main und es gibt den Heimatort von Claus Butze in Sachsen. Das hessische Klingenberg ist Heimat von Hermann Weber, Verkaufsleiter bei Dreiturm. Bei den Hessen sind die Verantwortlichen 1990 auf der Suche nach persönlichen sowie eventuell späteren geschäftlichen Kontakten in die östlichen Bundesländer. Weber setzt sich ans Telefon – von Klingenberger zu Klingenberger. Claus Butze: „Und bei uns gab es damals nicht zu viele Telefonanschlüsse." Der erste Kontakt durch den Dreiturm-Verkaufsleiter Hermann Weber ist nicht geprägt durch unternehmerisches Interesse, sondern durch den Wunsch des Kennenlernens und Zusammenwachsen im vereinigten Deutschland.

Doch aus diesem gesellschaftlich-politischen Kennenlernen wird schnell mehr. Ihm wird die Handelsvertretung für die „halbe DDR" angeboten. Claus Butze ist skeptisch: „Als Diplom-Ingenieur hat mich Chemie nicht so sehr interessiert, die war weit weg", sagt er, doch die Chance, etwas eigenes auf die Beine zu stellen, erkennt er sofort. Er informiert sich, bleibt am Ball. Und das

Butzes Frau Regine (rechts) und ihre Schwester Hannelore Götze halfen beim Aufbau der Firma in Klingenberg.

Die erste Geschäftsadresse von Dr. Claus Butze war die seiner Eltern.

zahlt sich aus, weil er durch und mit Hermann Weber weitere Kontakte knüpft. Einer davon ist Rudi Hörmann. Im bayerischen Gachenbach vertreibt er – neben dem Dreiturm-Sortiment – Reinigungsmaschinen von Sorma. „Das war etwas Handfestes aus meiner Sicht!“ Sorma sucht zu diesem Zeitpunkt ebenfalls Vertreter für das Gebiet der ehemaligen DDR.

In Gachenbach findet Claus Butze einen weiteren Faktor für den Schritt in die Selbständigkeit: „Mir hat imponiert, wie dieser kleine Fachgroßhandel für die Gebäudereinigung auf dem Dorf funktionierte.“ Er hält kurz inne. „Das ist ein Bild gewesen, das ich mir auch für Klingenberg habe vorstellen können.“

Butzes Plan: Wenn er zwei Stützen findet, dann wagt er den Schritt. Nur dann! Er bewirbt sich bei Sorma um die Handelsvertretung – wie 40 andere hoffnungsvolle Unternehmer – und erhält sie. Ein kurzes Zögern, dann sagt er zu und kündigt im Stahlwerk. Am 1. September 1990 meldet er das Gewerbe an, zum 1. Oktober 1990 scheidet er aus dem Werk aus. Seine Frau Regine, die mittlerweile auch arbeitslos ist, kümmert sich mit um das Geschäft, übernimmt offiziell auch die Handelsvertretung. Die erste Adresse ist eine bekannte Adresse in Klingenberg: Es sind die Geschäftsräume der Eltern Butze. „Die haben wir genutzt.“ Gelagert werden die Güter im Keller und in der Garage. „Die waren nicht frostsicher, daher mussten wir die Kanister im Winter immer umräumen.“ Claus Butze scheint zu schaudern, als er sich erinnert. Doch das Lächeln ist schnell zurück.

Der Platz reicht bald nicht mehr aus. Neben Dreiturm und Sorma vertreibt Claus Butze bald auch Buzil-Produkte. Das Sortiment wächst, und „vor allem das Hygienepapier brauchte viel Raum“. Das alte Rittergut nahe des Ortskerns ist eine Alternative. Es ist im Besitz der Treuhand und wird nicht mehr genutzt. Bis kurz nach der Wende ist es ein landwirtschaftlicher Betrieb mit Milchviehhaltung.

Nachdem die Ansprüche Dritter geklärt sind, kauft Dr. Claus Butze Teile des Ritterguts und setzt das Gebäude wieder instand. 1992 zieht das Unternehmen ein, um ein Jahr später ein weiteres Gebäude in dem Komplex zu erwerben und auszubauen. Auch hier muss das Familienunternehmen tief in die Tasche greifen, weil die historische Bausubstanz im Lauf der Zeit arg gelitten hat. Schwarzweißfotos zeigen ein nahezu marodes Ensemble, das mit dem Zustand heute nichts mehr gemein hat. Doch für den Firmengründer steht außer Frage, dass er in seine Heimatgemeinde investiert. „Hier bin ich geboren, hier lebe ich.“

Seit 1992 ist der Firmenstandort ein altes Rittergut nahe dem Ortskern von Klingenberg.

Die positive Entwicklung des Unternehmens überrascht Dr. Claus Butze im Rückblick nicht. Heute hat die Dr. Butze GmbH & Co. KG 65 Mitarbeiter und bedient Sachsen und Brandenburg. Neben dem Firmensitz in Klingenberg gibt es eine Niederlassung in Babow bei Cottbus und den City-Abholmarkt in Dresden. „Es war der Zeit geschuldet, es gab auch viel Bedarf“, blickt er zurück und verweist auf die bescheidenen Anfänge: „Es hat ganz klein begonnen, mit preiswerten Ressourcen und überschaubaren finanziellen Mitteln.“ Und es gibt einen anderen Grund, findet Claus Butze: „Wir haben uns auch mit Kompromissen zufriedengegeben.“ Aber andererseits ist Dr. Butze nie eine Partnerschaft eingegangen: „Fußfesseln wollten und wollen wir nicht!“ Die Zusammenarbeit mit der GVS dagegen ist fruchtbar: Sie trägt dazu bei, dass sich das Unternehmen zum Vollsortimenter entwickelt und auch für überregionale Kunden interessant wird.
Ein weiterer Grund für die positive Entwicklung des Unternehmens liegt in der Familie Butze. Nicht nur Claus’ Ehefrau Regine ist eine wesentliche Säule der Anfangsjahre, sondern auch sein Sohn. Der 1968 geborene Jan trifft 1990, da hat er gerade sein Abitur plus Ausbildung, das BmA, in der Tasche und den Militärdienst hinter sich, die Entscheidung pro Unternehmertum. Neben seinem Betriebswirtschaftsstudium übernimmt er Aufgaben in der Firma, nach dem Abschluss steigt er offiziell ein. Das gibt seinen Eltern die Möglichkeit, sich nach und nach zurückzuziehen. Seine Mutter beginnt damit 2005, der Vater später, doch finden beide fast gleichzeitig eine zusätzliche Aufgabe. Ende der 1990er-Jahre kauft die Familie oberhalb von Klingenberg ein baufälliges Anwesen mit unverbaubarem Blick. Daraus wird 1998 das eigene Flair-Hotel „Zur Neuklingenberger Höhe“, in das die Eheleute viel Herzblut investieren.
Allerdings geht es Claus Butze – nicht zuletzt aus gesundheitlichen Gründen – nun bewusst ruhiger an. Der Unternehmer, der dreimal mit dem großen Preis des Mittelstandes ausgezeichnet wurde, ist sich bewusst, „dass unser Unternehmen in guten Händen ist“. Das sagt er und schaut seinen Sohn dabei vertrauensvoll an. „Er macht das zum Teil viel besser als ich.“ Daher „kann ich jetzt auch mal ’ne Stunde länger schlafen“. Er lächelt und fährt fort: „Ich habe schon die Absicht, mir mehr Freizeit und mehr Freiheiten zu genehmigen.“

Aus der Promotion in die Praxis

Dr. Peter Gansow: ein Leben nach der Maxime offen, ehrlich, aufrecht

„Vorbeugende Instandhaltung – lohnt sich diese Strategie oder nicht“ – der tiefere Untersuchungsgegenstand seiner Doktorarbeit begleitet Dr. Peter Gansow sein ganzes Leben. Bereits während seines Studiums an der TU Berlin übernahm er Verantwortung als Generalvertreter des elterlichen Unternehmens in Berlin und führte wenig später, 25 Jahre alt, in Vertretung seines erkrankten Vaters Robert Gansow das Familienunternehmen mit 120 Mitarbeitern. Ein „Leben auf dem Zeitstrahl“, wie er im Gespräch mit Reinigungs Markt-Herausgeber Reinhard Knittler, Knittler Medien Geschäftsführer, Daniel Knittler und Redakteur Volker Beck berichtet.

Das Licht der Welt erblickte Dr. Peter Gansow 1951 in Wittenberge an der Elbe (Brandenburg). Er wurde in eine Familie geboren, in der Unternehmertum Teil der DNA war. Vor dem Zweiten Weltkrieg betrieb der Großvater mütterlicherseits einen Süßwarengroßhandel in Wittenberge (Brandenburg) und war während des Krieges für die örtliche Verteilung von Lebensmitteln zuständig. Die Eltern von Dr. Peter Gansow führten dort unmittelbar nach dem Zweiten Weltkrieg einen Eisenwarenhandel. Nach der Niederschlagung des Aufstandes vom 17. Juni 1953 gelang es der Familie Robert Gansow, mittels einer offiziellen Ausreisegenehmigung in den Westen zu gelangen.

Erste Station: Hagen – Dort verkaufte sein Vater bei Brown, Boveri & Cie. in deren Essener Niederlassung Kühlmöbel, heute Teil des ABB-Konzerns. Seine Mutter, die an der Humboldt Universität BWL studiert hatte, regte an, die Selbstständigkeit erneut zu wagen. „Eine Tradition zur Selbstständigkeit war in den beiden elterlichen Familien vorhanden", erinnert sich Dr. Gansow.
1964 war man zufällig auf 3- und 4-Scheiben-Saugbohnermaschinen von ELDO in Italien aufmerksam geworden; diese wurden über Mailings an Arztpraxen, Gebäudereiniger und andere Kunden vertrieben. Dadurch kam auch der Kontakt zu Landesinnungsmeister Willi Groppel aus Hagen zustande, seinerzeit Obermeister in der Innung Südwestfalen von 1963 bis 1975. Durch Groppel sei sein Vater Robert Gansow auf den Umstand aufmerksam gemacht worden, dass es seinerzeit für Gebäudereiniger keine geeigneten Bodenreinigungsmaschinen gäbe, erläutert Dr. Gansow. „Mein Vater fing an, mit einem Studenten der Ingenieurwissenschaften den ersten europäischen, damals so genannten ‚Kabelautomaten' zu entwickeln – das war zu jener Zeit ein echter Automatisierungsprozess."
Die „Taifun" getauften Maschinen mit Edelstahltanks waren die Grundlage der Entwicklung des Familienunternehmens. Das hatte auch Auswirkungen auf das Leben von Peter Gansow. „Im Kinderzimmer wurden am Wochenende die bestellten Maschinen zusammengebaut. Jeder in unserer Familie hatte seine Aufgabe. Das war selbstverständlich."

Studium und Berufseinstieg
Mit 16 lernte er seine spätere Ehefrau kennen. „Mit Ende 17 habe ich mich nach Berlin umgemeldet, in die ehemalige Studentenwohnung meiner Mutter nach Charlottenburg", berichtet Dr. Gansow. Die Tatsache, dass in Berlin die Wehrpflicht nicht galt, bedauerte er – mit einem dicken Augenzwinkern! In Hagen wurden in dieser Zeit sechs Garagen errichtet, ohne Zwischenwände – die erste Produktionsstätte. „Das war mitten im Wohngebiet, wurde vom Bauamt aber mitgetragen", betont er. Die elektrische Fertigung wurde in die privaten Häuser zweier Mitarbeiter ausgelagert. 1969 ging er zum Studium nach Berlin, seine spätere Ehefrau nach Münster. Die Beziehung hielt.

Seinen Lebensunterhalt verdiente er als Gansow-Generalvertreter für Westberlin. „Ich verkaufte die Maschinen meines Vaters, hatte viel mit EDEKA, ALDI und Dienstleistern zu tun." Auch die iranische Luftwaffe zählte zu Zeiten des Schahs zum Kundenkreis des Unternehmens Gansow. Ein iranischer Offizier, zu Besuch im damals neuen Werk in Bergkamen, ausgebildet in England, half ihm, die Saugrohreinspritzung seines damaligen damsonroten Triumph TR6Pi optimal einzustellen.

Promotion und Praxis

Es war für Peter Gansow stets klar, dass er in die elterliche Firma einsteigen wird. „Mein Vater hat jedoch immer gesagt: „Junge, wenn du die Gelegenheit hast zu promovieren, dann mach es!“ „Meine Doktorarbeit war interdisziplinär kaufmännisch-technisch angelegt“, erinnert er sich. „Die Doktorandenzeit war dabei mit erster Verantwortung im Job verwoben.“ „Die Doktorarbeit hat ab 1973 meinen Lebensweg inhaltlich geprägt“, erläutert Dr. Gansow. Diese hatte das Thema „Komponenten einer Produktionsfunktion für die Säuberung nichttextiler Fußbodenbeläge mit einem zweiphasigen Fußbodensäuberungssystem“ mit dem Untertitel „Wirtschaftlich-technische Untersuchung über den Verzehr an relevanten Produktionsfaktoren, insbesondere an Betriebsmittelelementen“ und war eng mit der damals neuen Theorie der Produktionsfunktion Typ B von Prof. Dr. Erich Gutenberg und der Produktionsfunktion Typ C von Prof. Dr. Edmund Heinen verbunden. Der Typ B erweiterte die A-Funktion von Wassily Leontief (grob: Input mal Faktor gleich Output mit konstanten Skalenerträgen) um die Nutzungsintensität. Ein Motor, im optimalen Drehmomentbereich beansprucht, bedeutet minimalen Energieverbrauch und geringsten Komponentenverschleiß pro Pro- duktionseinheit. Der Typ C dynamisiert den Betrachtungshorizont über den Moment heraus über eine definierte Zeitachse. Diesen Ansatz baute Dr. Gansow in seiner Promotion zum Dr. rer. pol. zur Fragestellung der Sinnhaftigkeit von vorbeugender Instandhaltung als Strategie der Zukunft weiter aus. „Ich habe das mit unseren Maschinen gemacht, da es intensive Probleme gab, die Datensätze anderer Hersteller zu bekommen.“

1976, Peter Gansow war mitten in der Promotion, erlitt sein Vater Robert einen Herzinfarkt, den er bis 1998 überlebte. Mitte zwanzig stand er plötzlich an der Spitze eines Unternehmens mit 120 Beschäftigten. „Als 25-Jähriger ist man noch nicht gefestigt, doch die Herausforderungen und das Niveau der Geschäftspartner lassen einen schnell erwachsen werden.“ Überhaupt ist das Leben von Dr. Gansow kein Leben in festen Abschnitten, sondern mehr ein fließender Übergang. „Das war bei mir immer so. Ich konnte nie sagen, so, der Abschnitt ist durch, sondern es war immer Multitasking. Man war ein kleiner „Napoleon“, der sich immer wieder organisieren musste: Ein Leben auf dem Zeitstrahl.“

Seine Promotion half dem jungen Dr. Gansow, das elterliche Unternehmen während der Rekonvaleszenz seines Vaters stellvertretend zu leiten. „Der Titel hat mir in jungen Jahren Türen geöffnet, denn das war man damals in der Reinigungsbranche nicht gewohnt.“

Es zeigte sich im Rahmen seiner Promotion auch, dass bei einer Konstruktion, aufbauend auf modernen Direktantrieben, ohne die seinerzeit üblichen Ketten oder Keilriemen zu verwenden, eine vorbeugende mechanische Instand- haltung nicht angezeigt ist, da „bei einer ordentlichen Getriebe-auslegung und -abdichtung die Kugellager das limitierende Element sind. Das ist ein linearer sich über lange Zeiträume hinziehender Verschleißprozess, der sich in Zukunft kaum vorhersehbar beschleunigt. Wenn wir hier von 15.000 Stunden reden, die ein Getriebe hält, dann ist das in der Reinigungsbranche deutlich mehr als ein Jahrzehnt, die eine Maschine halten kann.“
Ein Rückblick sei gestattet: „Bei den Mitbewerbern gab es Ketten- oder Riemenantriebe in Fahrantrieben und Bürstenköpfen, die gespannt wurden. Je nach

Dr. Peter Gansow erzählte beim Interview aus seinem Leben.

Schlupf ergab sich dann die Fahrgeschwindigkeit. Diese Maschinen waren mit ihrem mechanischen Verschleißbild für vorbeugende Instandhaltung prädestiniert." „Wenn ich beim Einkauf nur 10 Prozent mehr für einen Antrieb ausgebe, dann bekomme ich 30 bis 40 Prozent mehr Lebensdauer und damit mehr Qualität, so meine Erfahrungen. Mein Vater jedoch vertrat eher die Position eines billigen Einkaufes, zeigte sich dann aber mit den deutlich verbesserten Laufzeiten der Antriebe und Steuerungen einsichtig."

Diese Erkenntnisse seiner Promotion fanden bei der Konstruktion und Produktion der Gansow Maschinen seit 1976 konsequente Anwendung. So konnte er belegen, dass man bei geringen Mehrkosten die Kugellagerdimensionierung erheblich stabiler auslegen und so eine extreme Langlebigkeit erreichen kann. „Wenn ich bei den Kohlebürsten und der Kollektorauslegung in den Gleichstrommotoren einen Zahn zulege, dann komme ich in einen Lebensdauerbereich, der ist irre", erläutert Dr. Gansow. „Heute haben wir nur geregelte Antriebe, die sind noch weniger anfällig, da die Systemcontroller über Softwareauslegung und Parametrierung bei erhöhtem Strombedarf die Energiezufuhr begrenzen und senken."

Unternehmenswachstum

1971 entstand die erste Produktionshalle mit 1.300 Quadratmetern in Bergkamen, die bis 1996 auf insgesamt 8.500 Quadratmetern für Verwaltung, Lager und Produktion von Scheuersaugmaschinen und -fahrzeugen sowie von hydraulischen Papierpressen am Bergkamener Standort erweitert wurden.

In Fombio (östlich von Mailand) wurden ab 1997 auf 6.000 Quadratmetern Kehrsaugmaschinen und eine Linie preiswerterer Scheuersaugmaschinen gefertigt. Die Gansow Gruppe beschäftigte 420 Mitarbeiter, darunter etwa 200 Mitarbeiter im Dienst vor Ort am Kunden. Die Gansow Gruppe zeichnete eine hohe Fertigungstiefe aus. Oberflächentechnik, Schlosserei, Kunststofftechnik – all das erfolgte in eigener Regie. Das Wachstum erfolgte organisch und stetig. Die Familie Staehle (columbus) zählte zu Beginn zu den großen Vertriebspartnern. Ein weiterer war FMC in Zug (CH) mit dem Label Wayne, seinerzeit der erste Überkopfwerfer in der Kehrsaugbranche. „Ich konnte in dieser Zeit sehr viele Kompetenzen aufbauen, zum Beispiel auch jene, internationales Vertragsrecht in Verhandlungen zu nutzen." Der FMC-Geschäftsführer Oberholzer hat Dr. Gansow geprägt. „Sein Motto: Leben und Leben lassen und eben nicht das Letzte aus den Geschäftspartnern herauszuholen, das hat mich geprägt. Offen, ehrlich und aufrecht zu sein, das war mir immer wichtig."

Insolvenz und Neuanfang

Seine ehemalige Unternehmung beschäftigte zu Hochzeiten allein im Vertrieb europaweit gut 200 Mitarbeiter; in 26 deutschen Filialen waren durchschnittlich 3 Beschäftigte angestellt (kaufmännisch und vertrieblich), 70 Monteure kümmerten sich um Kunden in ganz Deutschland. 6.000 Scheuersaugmaschinen, 1.800 Kehrsauger – davon die Hälfte große Maschinen – wurden pro Jahr gefertigt. „Da ging richtig was", erinnert sich Dr. Gansow.

Das änderte sich schlagartig, als nach einer Phase hoher Investitionen in die Zukunft vier wichtige Exporthändler zahlungsunfähig, zwei deutsche Flottenkunden in ihren Zahlungen säumig wurden und ein großer französischer Dienstleister nach dem Verkauf an eine internationale Gruppe plötzlich einen Vertrag über das Mieten von 600 Maschinen platzen ließ. „Damals war gerade Basel II in aller Munde, plötzlich reichten den Banken langjährige Geschäftsbeziehungen nicht mehr, nur noch Bilanzrelationen nach Mathematik", erläutert Dr. Gansow, „und in zwei Wochen kriegt man keine 600 Maschinen vermittelt."

Die Gansow Gruppe wurde von Interpump übernommen, ebenso das Warenzeichen ‚gansow'. „Man sah in der Gansow-Gruppe eine Speerspitze für Qualität." Interpump entschied sich – trotz Potentials – das Geschäft mit den Gansow Kehrsaugmaschinen einzustellen. Als Dr. Gansow 2004 sein neues Unternehmen, die Dr. Gansow AG, gründete, traf man sich vor Gericht. Ergebnis: Familiennamen können nach § 23 MarkenG Teil des Firmennamens sein; dieser musste jedoch konkret durch das Warenzeichen Gmatic zur Vermeidung von Verwechslungen ergänzt werden „da weder mein akademischer Titel noch die Rechtsform juristisch relevante Unterscheidungskriterien sind", ergänzt Dr. Gansow, „wollte ich, dass die Kunden wissen, was vorne und hinten ist, daher Dr. Gansow als Teil des Firmennamens."

Seit 2006 fertigt die Dr. Gansow Gmatic AG Scheuersaugmaschinen im Superior Bereich. Im Portfolio befinden sich 40, 60, 80 und 100 Liter handgeführte Maschinen, hinzu kommen 145, 195 und 245 Liter-Aufsitzer. Weitere Maschinenmodelle sind in Planung. Die Fertigung erfolgt im Manufakturverfahren nach strikter Plattformstrategie vor Ort in Bergkamen. Bei Konstruktion und Fertigung fließen erneut die Erkenntnisse seiner Doktorarbeit ein. Gefertigt wird in Edelstahl, Stirnradgetriebe erreichen, so Dr. Gansow, 98,5 Prozent Wirkungsgrad, die Schnecken 96 Prozent. „Dies ist zwar teurer, aber: für unsere Kunden lohnt es sich auf Dauer (Lifetime Costs)." Und deshalb sieht er seine Zukunft vor allem im Vermietungssektor (Motto: Pay per Use). Grund ist die Langlebigkeit der Maschinen. „Früher waren Bürstenantriebe Wegwerfware, heute tauschen wir infolge der hochwertigen Ausführung nur die Lager, Dichtringe und Öle, die speziellen PM-Motoren halten mit ihrem Wirkungsgrad von 91 Prozent fast ewig." Als Beweis fährt er zum Abschied neben zwei Gmatic Bodenreinigungsmaschinen für ALDI noch eine Gansow 50 KF 70 aus dem Lager – sieht aus wie neu und ist doch 35 Jahre alt.

Von wegen Abwarten und Tee trinken

Günter Glöckner hat Gelegenheiten gesucht und gefunden

Die Orte seiner Kindheit tragen Namen wie Wünschmichelbach, Steinklingen, Oberflockenbach und Unterflockenbach. Hier im baden-württembergisch-hessischen Grenzgebiet wächst Günter Glöckner auf. Von da ging es für den Sohn einer heimatvertriebenen Familie nach Weinheim und über Hamburg nach Ludwigshafen. Hier im Stadtteil Maudach ist sein Zuhause, seine Heimat – und seine Firma: SOLUTION Glöckner. Vor mehr als 27 Jahren wagte er den Sprung in die Selbständigkeit. „Aber einfach war es nicht", wie er im Gespräch mit Reinigungs Markt-Korrespondent Patrick Merck zugibt.

Die Tasse ist groß. Sie fasst einen halben Liter. „Es ist die dritte, die ich heute trinke", sagt Günter Glöckner. Die ersten beiden Tassen nimmt er zu sich, bevor er morgens in die Firma fährt. Es ist eine Mischung aus spanischer Orange und marokkanischer Minze. Seine Frau Maria sitzt neben ihm, ein Wasserglas vor sich. „Mir ist wichtig, dass meine Frau dabei ist, wenn ich von mir und meinem Werdegang erzähle", sagt Günter Glöckner. Schließlich sei sie ein elementarer Bestandteil dieser Geschichte und könne das ein oder andere sicherlich beitragen.
Gut zehn Jahre nach Kriegsende – am 5. Juli 1955 – kommt Günter Glöckner auf die Welt. Wünschmichelbach, heute ein Stadtteil von Weinheim, ist damals ein Weiler von 300 Einwohnern. Dort haben sich viele Menschen aus Elek in Donauschwaben ein neues Zuhause geschaffen, darunter die Familien Tremmel und Glöckner. Da sein Großvater mütterlicherseits, Georg Tremmel, nach dem Tod seiner ersten Frau ein zweites Mal geheiratet hat und wieder Vater wurde, hat Günter eine Tante, die jünger als er ist. Da seine Eltern Franziska und Hans arbeiten, verbringt Günter als Kleinkind viel Zeit im Haus seines Opas. Der war 1951 aus sowjetischer Kriegsgefangenschaft zurückgekehrt und hatte dort ein Gelübde abgelegt: Sollte er die Gefangenschaft überstehen, wollte er eine Glocke gießen lassen und sie täglich um 19 Uhr läuten.
„Das hat er gemacht", sagt Günter Glöckner. In seiner Stimme schwingen Ehrfurcht, Bewunderung und viel Zuneigung mit. „Er hat einen hölzernen Glockenturm gebaut, die Glocke- gießen lassen und sie abends um sieben Uhr geläutet, fast 50 Jahre lang." Die Glocke läutet immer noch um diese Zeit, da die Kirchengemeinde den Brauch übernommen und nach dem Ableben des Opas eine Funktionselektrik hat einbauen lassen.
Das Leben der Familie Glöckner ist von Arbeit und dem Streben nach wirtschaftlicher Sicherheit geprägt. Hans, ein Meister im Baugewerbe, hatte bei einem Arbeitsunfall ein Bein verloren und arbeitete wie seine Frau bei der Firma Freudenberg in Weinheim. Günter verlässt morgens mit ihnen das Haus, wird in den Kindergarten gebracht und 10 Stunden später wieder abgeholt. Die Volksschule ist in Steinklingen. Die acht Klassen werden in zwei Räumen und gemeinsam von zwei Lehrern unterrichtet. Günter Glöckner ist ein guter Schüler und erhält die Empfehlung fürs Gymnasium in Weinheim. Günter Glöckner räuspert sich. Hat er sein Leben bis dahin als unbeschwert und schön bezeichnet, kommen nun schwierige Zeiten. Die Familie hatte sich längst entschieden, nach Weinheim zu ziehen, dort einen Bauplatz erworben und mit dem Bau eines Hauses begonnen. Dann stirbt sein Vater. Damit fehlt nicht nur ein Teil der Familie, sondern auch ein Teil des Einkommens. Plötzlich ist alles anders, und Günter Glöckner verkraftet es nicht. Er bekommt Probleme in der Schule, legt sich mit dem System an, , geht nicht mehr ins Handballtraining, macht Unsinn. „Ich habe versucht, meine Grenzen auszuloten", sagt der Unternehmer. Für seine Mutter sei das eine extrem schwierige Zeit gewesen. . „Sie hat einen 13-jährigen Sohn, der von der Schule geflogen ist und rebelliert, ein halbfertiges Haus und kaum Geld." Doch sie hat darüber hinaus einen starken Willen. Und so findet sie in Mannheim ein Gymnasium, das bereit ist, ihren Sohn aufzunehmen – gegen die Zahlung von Schulgeld und in der Hoffnung, dass er die schuleigene Handballmannschaft verstärkt. Die Prognose, dass er dort sein Abitur machen würde, steht nach zehn Tagen bei null. Denn da hat er bereits sieben Fehltage auf seinem Konto. Den Rüffel, den er darauf hin erhält, weckt ihn auf. „Die gelbe Karte hat extrem nachhaltig gewirkt", sagt er rückblickend. Eine Ehrenrunde und sechs Jahre später hat er das Abitur in der Tasche. Nicht nur das: Auf einer Silvesterparty 1972 bei einem Schulkameraden lernt er Maria kennen. Auch ihre familiären Wurzeln liegen im Osten.

Mit 18 Jahren macht der Abiturient seinen Führerschein. Zu diesem Zeitpunkt verdient er längst sein eigenes Geld. Nach der Schule, an den Wochenenden und in den Ferien nimmt er dafür jede Gelegenheit wahr. Sportplatzbau, bei Mercedes am Band, bei der BASF und an einer Tankstelle. Mit dem Geld finanziert er sich ein Auto, den Führerschein, die Fahrten nach Ludwigshafen-Niederfeld zu Maria. . Und er spart. So bezahlt er drei Jahre vor dem Abitur das Schulgeld bis zum Abschluss auf einen Schlag und erhält aufgrund dieses Vorgehens einen satten Rabatt.

Noch im Jahr des Abiturs 1976 heiraten Maria und er. „Wir mussten heiraten, um eine Sozialwohnung zu erhalten“, sagt er und Maria nickt lächelnd. Gemeinsam ziehen sie in eine Dreizimmerwohnung in Maudach, einem Stadtteil im Westen von Ludwigshafen. Im Herbst nimmt er ein Betriebswirtschaftsstudium in Mannheim auf, und im darauf folgenden März kommt Tochter Silke zur Welt. Für den Unterhalt kommt vor allem Maria auf: Sie arbeitet halbtags als Medizinisch-Technische Assistentin (MTA), während Silke in der Obhut einer Pflegemutter ist. Er nutzt die Semesterferien, um Geld zu verdienen. Ein gemeinsames Wochenende im Odenwald gilt schon als Urlaub.

Sechs Semester benötigt Günter Glöckner für das Grundstudium. Da komplettiert Simone die Familie und der Familienvater weiß, dass er für seine Familie zu sorgen hat. Im Hauptstudium mit dem Schwerpunkt Marketing, Logistik und angewandter Psychologie gibt er Gas und schafft es in vier Semestern. Noch vor dem Abschluss und vor der Diplomarbeit, also mit einem sogenannten vorläufigen Notenauszug, bewirbt er sich. Unilever bietet ihm ein Traineeprogramm in Hamburg an, und er sagt zu, wissend, dass er sein Studium praktisch noch gar nicht abgeschlossen hat.

Und so pendelt er ab März 1982 mit dem Zug nach Hamburg, sieht seine Familie nur an Wochenenden. Freitagnacht kommt er an, sonntags setzt er sich um 22:08 Uhr in den Nachtzug Richtung Alster. Vor Ablauf der Probezeit zieht er sich nach drei Monaten eine Hirnhautentzündung zu. „Es war eine verschleppte Grippe“, weiß er heute. Er landet im Krankenhaus. Neben der Angst, die mit der Krankheit zusammenhängt, gibt es auch Zukunftsängste: Was, wenn Unilever kündigt? Der Anruf lässt nicht lange auf sich warten. Doch anstatt ihm zu kündigen, beenden sie die Probezeit. Er ist übernommen. „Das hat mir sehr geholfen“, sagt er, und es blitzt in seinen Augen.

Auf die Zentrale in Hamburg folgt die Verkaufszeit in Mannheim, dann wechselt er nach Wiesbaden. In der Zwischenzeit hat er seine Diplomarbeit zu Ende geschrieben, gut 6 Monate, nachdem er bei Unilever angefangen hat. 1984 muss er wieder nach Hamburg, übernimmt die Marketingverantwortung für Produkte wie Elite Molkereiprodukte, Sanella und Livio-Öl. Doch diesmal zieht die Familie mit. Bleibt dreieinhalb Jahre in Hamburg.

Als Unilever seine Organisation restrukturiert und Günter Glöckner das Marketing der Tochter Deutsche See leiten soll, sagt er ihnen ab. Es folgen ein Engagement bei Lingner & Fischer, dem Hersteller von UHU, als regionaler Verkaufsleiter. Bei Black & Decker als Nationaler Keyaccountmanger Baumärkte, und dann bei dem damals weltgrößten Bodenbelagshersteller, Tarkett/Pegulan als Marketingleiter. . Bei allen fühlt er sich nicht hundertprozentig angekommen. Stattdessen würde er gern etwas Eigenes machen, sein eigener Unternehmer sein.

Bei Tarkett/Pegulan kommt er im Bereich der textilen Bodenbeläge auch mit Reinigungsmittelherstellern in Kontakt. Durch Zufall lernt er einen schwedischen Produzenten kennen, der ein besonders wirksames Reinigungsprodukt haben soll. Er erhält ein paar Proben. Als es auf der Domotex, der Fachmesse für Bodenbeläge, Anfang 1989 zu einem extremen Verschmutzungsunfall am eigenen Stand kommt,

Maria und Günter Glöckner

schickt er die Proben hin. Und sie halten, was der Produzent versprochen hat. „Meine Standleiterin hat mich angerufen und gesagt, dass ein Wunder geschehen sei", sagt Günter Glöckner. Selbst der weiße Gumminoppenbelag sei komplett sauber, habe sie berichtet. Eine Sternstunde: „Da war ich angefixt!"
Der Entschluss steht, und Ende 1989 startet er – mit Unterstützung seiner Frau Maria durch. Der Firmenname ist schnell gefunden: Es ist die Kombination aus Solution, deutsch ausgesprochen, das für Problemlöser steht, und seinem Nachnamen. 1994 wird der erste Mitarbeiter eingestellt. Es sieht gut aus, auch weil Günter Glöckner durch die Übernahme der Rechte einer stark wachsenden Marke für Europa seinen Umsatz erhöht und am Markt wahrgenommen wird. Doch nur wenige Jahre später kommt es zum Streit mit dem Markeninhaber. Der trifft ihn nicht nur wirtschaftlich massiv – seine Existenz ist gefährdet, er wird auch gesundheitlich angeschlagen.
Der Gedanke daran bedrückt Günter Glöckner auch heute noch. Nicht allein, weil damals viel auf dem Spiel stand, sondern auch weil ihm Geschäftsfreunde wieder auf die Beine helfen. „Ohne die hätte das nicht geklappt", sagt er und ist dankbar. Lohnherstellung und eigene Produkte sowie viel Einsatz sorgen dafür, dass Solution Glöckner wieder ins Fahrwasser gerät. Er erhält Europäische Innovationspreise 1996, 2003 und 2007. 1998 zieht das Unternehmen in bestehende Räumlichkeiten um, 2003 wird gebaut, 2004, 2009, 2011 und zuletzt 2017 erweitert. 35 Mitarbeiter sind heute bei Solution Glöckner beschäftigt. Dazu gehört auch Tochter Silke, die längst Mitglied der Geschäftsführung ist.
Ans Aufhören denkt der Firmengründer allerdings noch nicht. Aber er hat mehr Zeit für seine Gremienarbeit in der ISSA, für die er mittlerweile als Botschafter fungiert, nachdem er über 10 Jahre die deutschsprachigen Länder geleitet hatte. Ebenso war er europäischer Chairman dieser Organisation von 2008 bis 2010. Viele Projekte und Aktionen wurden durch ihn ins Leben gerufen. 2006 und 2007 veranstaltete er mit großer Resonanz das ISSA Symposium in Deutschland. 2012 wurde durch ihn die ISSA Aktion JEZ ins Leben gerufen. Gemeinschaftlich mit der Zeitschrift Reinigungs Markt wird Ausbildung und Nachhaltigkeit für junge Menschen in der Gebäudereinigung im Rahmen eines Aufsatzwettbewerbes thematisiert. Aber auch das private Vergnügen kommt mittlerweile nicht zu kurz. Motorrad und sportliche Fahrzeuge zu fahren, ist ein Vergnügen für ihn. Der langjährige FC-Bayern-Fan ist Besitzer einer Dauerkarte für die Allianz-Arena und fährt, wenn es die Zeit zulässt, wochenends mit seiner Frau nach München, um Fußball und bayerische Gastfreundschaft zu genießen. …und dann gibt es da ja auch seit April das erste Enkelchen in der Familie!

Giulio Guizzi, „Grandseigneur“ der Reinigung in Italien

Ein Leben für die Sauberkeit

Wenn Italien einen Botschafter der Reinigungsbranche brauchen würde, wäre es sicherlich Giulio Guizzi. Der 1939 in Brescia geborene Unternehmer hat die Branche in seinem Land über Jahrzehnte maßgeblich geprägt, er ist bestens vernetzt in allen Teilen der Welt und er hat einen untrüglichen Riecher für gute Gelegenheiten.

Giulio Guizzi wächst mit fünf Geschwistern auf. Der Vater ist ein Textilfabrikant, doch er stirbt früh. Gemeinsam mit seinen beiden Brüdern übernimmt der junge Mann die Verantwortung für die Familie. Und er weiß schon früh, welche Branche für ihn in Frage kommt. „Reinigung ist immer notwendig", sagt er im Gespräch mit Reinigungs Markt-Korrespondent Patrick Merck in Amsterdam. Zumal die Branche in seiner Heimatstadt nicht sehr gut organisiert war. „Da habe ich gute Chancen gesehen."

Nach der Schule studiert er Politik, engagiert sich kommunalpolitisch. Er sieht, wo es im Argen liegt: In den 1960er-Jahren wächst die italienische Industrie, aber es fehlt an organisierter Reinigung – sowohl für die Industrie als auch für die Kommunen. Sein Ziel ist es, ein eigenes Unternehmen aufzubauen. Dafür lässt er auch Jobangebote sausen und hat das Gefühl, sich dafür rechtfertigen zu müssen. „Sie haben nicht gesehen, was ich gesehen habe", sagt er rund 50 Jahre später.

Er geht offensiv vor. „Ich habe Unternehmen Angebote gemacht, ohne dafür die tatsächlichen Mitarbeiter oder auch Geräte zu haben." Erst mit dem Vertrag in der Tasche und den Aussichten auf Umsatz holt er sich Menschen und Equipment, um den Auftrag ausführen zu können. Es ist – aus heutiger Sicht – sehr gewagt, was der damals 25-Jährige unternimmt. Denn er schließt nicht nur Reinigungsverträge ab, ohne die nötige Infrastruktur und Manpower zu besitzen, sondern es fehlt ihm jegliches Wissen zum Thema Reinigung. Er lächelt ein wenig schelmisch. „Ich habe schon manchmal geblufft, mich größer gemacht, als ich eigentlich war", gibt er zu. „Anfangs habe ich auch nichts gewusst und das Wissen meiner Angestellten genutzt." Aber er ist ehrgeizig, und so sitzt er am Ende eines Arbeitstags noch am Schreibtisch und studiert die einschlägige Literatur.

Das war 1964. „Zu dieser Zeit hat in Italien eigentlich niemand professionelle Reinigungsmaschinen eingesetzt." Auch da sieht er Möglichkeiten für sich. Er wird zum Cimex-Händler für Italien. Das Treffen, das zum Vertrag führt, findet auf der Interclean in Amsterdam statt. „Also vor 50 Jahren", resümiert er und hält kurz inne. Für Giulio Guizzi ist es der entscheidende Schritt. Die Pulindustria-Cimex ist das erste von vielen namhaften Unternehmen, die seine Handschrift tragen. Er beginnt seinen Traum zu leben: „Ich wollte immer Unternehmer sein." Diesem Ziel ordnet er alles unter. „Ich habe alles andere sein lassen", sagt er: „Kein Sport, keine Feten, keine Hobbys, keine Cliquen, mit denen ich abends unterwegs war." Er grinst. „Auch Frauen spielten keine Rolle; alles was zählte waren mein beruflicher Werdegang und die Reinigungsindustrie."

Für ihn eine logische Entwicklung. „Wenn man eine Entscheidung trifft, dann sollte man sie auch leben und richtig angehen." Es sei wichtig, unter Spannung zu stehen und den richtigen Zeitpunkt zu finden, um in die richtige Richtung zu segeln. „Du musst jeden Wind ausnutzen!" Ein weiteres Credo: Morgens der Erste sein, der in den Laden kommt, abends der Letzte sein, der das Licht ausmacht. „Ich weiß, das ist deutsches Denken", sagt er mit lachenden Augen.

Sein Vorbild – zumindest in gewisser Weise – ist Friedrich der Große. Mit ihm teilt er sich eines seiner wenigen heutigen Hobbys. Giulio Guizzi züchtet Piccolo Levriero Italiano, eine italienische Variante des Windspiels oder Windhunds. Bei einem Besuch in Sanssouci „habe ich unserem deutschen Begleiter erklärt, dass Friedrich seine Hunde auf der Terrasse begraben ließ und dort auch ihre Grabsteine zu sehen

Giulio Guizzi im Gespräch mit Patrick Merck.

sind", erzählt er. Und dann habe er den dort verlegten Rasen angehoben, wo einer der Steine mit Inschrift zum Vorschein gekommen sei. „Der hat gestaunt", freut sich Giulio Guizzi heute noch über seinen Coup.

Im Lauf der kommenden Jahre erweitert der umtriebige Lombarde seine unternehmerische Tätigkeit. Als Cimex-Vertreter ist Italien sein Markt, als Hersteller von Werkzeugen und Matten denkt er global, wobei ihn Cimex dabei unterstützt. „Meine Produkte haben die Maschinen ergänzt, sie waren keine Konkurrenz." Zu seinen Erfindungen zählen unter anderem der elektrostatische Mopp und der Scherenmopp.

Das Private spielt keine wichtige Rolle, wenn Giulio Guizzi von seiner Vergangenheit berichtet. Dabei tritt Sylviane bereits Ende der 1960er-Jahre in sein Leben. Er trifft sie an der Universität: Sie ist wissenschaftliche Mitarbeiterin an der Uni von Mailand als er dort seine Französischklausur ablegt. Damit er sie sehen kann, fährt er mit seinem Fiat 500 regelmäßig von Brescia in die rund 100 Kilometer entfernte Stadt der Mode. „Ich habe die Französischprüfung nur ihretwegen gemacht", gesteht er. Notwendig für seinen Studienabschluss sei sie nicht mehr gewesen. 1968 heiraten sie. Sylviane teilt seine Leidenschaft für das Unternehmertum. Als Exportmanagerin unterstützt sie ihn bis die beiden Kinder Arabella und Amedeo auf die Welt kommen. Dann hält sie ihrem Mann den Rücken frei.

Dessen Leidenschaft für die Reinigung und das Wissen, dass die Literatur darüber recht schmal ist, führt dazu, dass er neben dem Aufbau seiner Existenz als Unternehmer unter die Autoren geht. „Mein erstes Buch habe ich 1970 geschrieben", berichtet er. 1980 folgte das zweite Werk, 1992 das dritte und wichtigste. „In »Della Pulizia Industriale« geht es auf 800 Seiten um die Reinigungsindustrie und ihre Bedeutung." 2010 erscheint ein Lehrbuch „Pulire Schola". 2013 veröffentlicht er eine dreiteilige DVD-Box rund um Hygiene und Reinigung. „So etwas hat bisher keiner gemacht", sagt er mit Stolz in der Stimme. All das fällt ihm leicht: „Während meiner Studienzeit habe ich als Journalist für die Regionalzeitung gearbeitet." Damals war Sport sein Hauptthema, heute ist es eben die Reinigung.

Seine Verbundenheit zum Sport – insbesondere zum Radsport – ist in Brescia über Jahrzehnte zu erleben. Gemeinsam mit seinen Brüdern Lamberto und Alfredo organisierte er die „Trofeo Guizzi", ein 165-Kilometer-Radrennen für Amateure. Mittlerweile – das Rennen heißt seit wenigen Jahren „Trofeo Città di Brescia" – tritt er nur noch als Sponsor auf.

Zehn Unternehmen hat Giulio Guizzi im Lauf seines beruflichen Lebens gegründet. Zu ihnen zählen Pulex, die heute Teil der IPC-Gruppe ist, und Pulindustria, die zur Cimex gehört. Die wichtigsten Gründungen sind allerdings keine klassischen Unternehmen, sondern vor mehr als 30 Jahren die Afidamp als Zusammenschluss der italienischen Reinigungsbranche und die Messe Pulire. Für sie ist er tatsächlich Botschafter, wirbt für die verschiedenen Standorte, die längst nicht mehr nur in den Grenzen Italiens zu finden sind: Die Pulire Asia Pacific öffnet in Bangkok ihre Tore, die Clean Middle East Pulire in Dubai, und die ausClean lädt ein nach Melbourne in Australien.

Auch mit 75 Jahren denkt Giulio Guizzi nicht an Rente, Ruhestand oder Rückzug: Er ist vielmehr auf der Suche nach einem Platz für ein „Museum of Cleaning". Da möchte er die Reinigungsgeräte ausstellen, die er im Lauf der Zeit gesammelt hat. „Du schaffst keine Zukunft, wenn Du die Vergangenheit nicht kennst", sagt er. „Ich habe bestimmt mehr als 2200 Maschinen und Werkzeuge, jede Menge Bücher aus allen Epochen und etwa 10.000 Dias." Ein weiteres Buch ist ebenfalls in der Planung. Giulio Guizzi lacht. „Ich habe noch einiges vor", sagt er. Dann schaut er auf die Uhr. Er sieht aus, als wolle er sagen: „Genug geplaudert. Das Leben ruft!"

Urgesteine der Reinigungsbranche: Walter Hammel

Die Liste des Großvaters brachte den Erfolg

Er musste sein Studium wegen des Zweiten Weltkrieges aufgeben – ein Glücksfall für Walter Hammel, den dies war der Beginn zu einer erfolgreichen Unternehmerkarriere in der Reinigungsbranche.

Seine Augen blitzen. „Wir sind mit einem Korb voller Schwämme mit dem Zug in den Taunus gefahren und haben die dort angeboten“, erzählt Walter Hammel. Das muss um 1949, 1950 herum gewesen sein. Angekündigt wurden die Besuche bei den potenziellen Kunden nicht. Mussten sie auch nicht: „Der Korb war meist leer, wenn wir abends nach Hause gefahren sind.“
Jügesheim, ein kleiner Ort im Südosten Frankfurts. Heute ist Jügesheim ein Ortsteil der Stadt Rodgau. Hier wird Walter Hammel 1926 geboren. Die Familie betreibt einen kleinen Handel mit Fensterleder und Naturschwämmen, beliefert wurden vor allem Tankstellen, Druckereien und Feinledergerbereien im Umland. „Die Schwämme würden zum Autowaschen, bei der Lederproduktion zum Färben der Felle und in den Druckereien zum Reinigen der Druckwalzen genutzt.“ Es gab noch weitere Einsatzmöglichkeiten. Sie waren begehrt und teuer.

Ein Stipendium der Reichsbahn

Der junge Walter Hammel interessiert sich nicht so sehr für das Geschäft: Er würde gern Ingenieur werden, Maschinenbau studieren. Und es sieht gut aus für ihn. Nach der durch den Krieg verkürzten Schulzeit ist er als 17-Jähriger bereits Student – Werkstudent würde man heute sagen. Er geht auf die Ingenieursschule in Friedberg und erhält 20 Mark Unterstützung von der Deutschen Reichsbahn, bei der er angestellt ist.
1944 endet sein Traum: Er wird eingezogen. Ein Jahr später, Walter Hammel ist gerade 18 Jahre alt, endet der Krieg – und er ist in Gefangenschaft. „Dreieinhalb Jahre“, sagt er. „In Ägypten.“ Im September 1949 kommt er wieder in seine hessische Heimat. Er steht vor der Frage, die viele seiner Altersgenossen plagt: „Was soll ich tun?“

Doch dann wird sein Unternehmergeist geweckt. Sein Großvater hatte einen Großhandel mit Naturschwämmen und Fensterleder. In einem Lagerraum lagerten noch einige Bestände an Naturschwämmen, die den Krieg überstanden hatten. Durch schlechte Lagerung waren die Schwämme vom Staub und Ruß verdreckt. „Mein Großcousin Thomas Bischof, der in der Branche tätig war, wusste davon.“ An ein Studium denkt der junge Mann da nicht mehr. Zu verlockend sind die Möglichkeiten: „Es gab kaum Konkurrenz, und noch war es nicht möglich, Naturschwämme zu importieren.“ Mit dem Lager des Großvaters hatte sich eine ungeahnte Option aufgetan: Aus dem Studenten wird ein Unternehmer. „Die Bestände waren leicht zu verkaufen“, erinnert er sich.

Schon früh schließen sie sich dem damaligen Fachverband der deutschen Schwamm- und Lederimporteure an. „Der hatte da vielleicht 30 Mitglieder in ganz Deutschland.“ Der Schritt ist der erste in einer Reihe wegweisender Entscheidungen. Denn durch die Mitgliedschaft erhalten Thomas Bischof und Walter Hammel Zugang zu den ersten Kontingenten an Naturschwamm, die importiert wurden. „Und so haben wir das Geschäft angefangen.“ 1949 ging es für Bischof und Hammel los.
Die Anfänge waren beschwerlich und mit vielen Aufgaben für die beiden Partner verbunden. Die Schwämme - es waren ungereinigte Naturprodukte - mussten in einem langwierigen Prozess hergerichtet werden: „Die wurden ja einfach vom Meeresboden abgetrennt. Wenn die hier ankamen waren sie unansehnlich grau mit Muscheln, Sand und anderes mehr drin.“ Geerntet wurden sie im Mittelmeer, in den Florida Keys und im Golf von Mexico. „Die besten Schwämme kamen aus Griechenland und Libyen“.

Walter Hammel (links) mit seinem Sohn Stephan Hammel im Lager in Rodgau.

Die Jungunternehmer verbrachten daher ein Großteil ihrer Zeit in dem Bearbeitungsraum. Walter Hammels Augen leuchten: „Die Schwämme kamen roh in 25-Kilogramm-Ballen." Zuerst mussten sie in Salzsäurelösung ausgewaschen werden, um die Muschel- und Kalkreste zu zersetzen. „Anschließend wurden die Schwämme in frischem Wasser neutralisiert und dann in Natrium gebleicht." Walter Hammel lacht leise: „Das wäre heute so völlig undenkbar." So etwas wie eine PSA, eine persönliche Schutzausrichtung, oder wenigstens säurebeständige Gummistiefel gab es nicht. „Wenn da was danebenlief, waren die Stiefel hin." Er schüttelt den Kopf.
Anschließend wurden die Schwämme nach Größe sortiert und zurechtgeschnitten. „Das ist schon eine Arbeit gewesen." Vor allem im Winter war es keine Freude: „Das war die schlimmste Zeit." Nässe und Kälte lassen Walter Hammel heute noch ein wenig schaudern.

Erste Kunden gab es schon

Doch so beschwerlich die Arbeiten vor dem Verkauf waren, zumindest die Abnehmer waren bekannt, es gab immer noch Listen aus der Geschäftstätigkeit des Großvaters. „Wir haben nicht bei null anfangen müssen", sagt Walter Hammel, und es klingt immer noch ein bisschen Erleichterung mit. Die Kunden waren eigentlich bekannt. Druckereien, Gerber, die Autobranche, Schulen. „Überall sind Schwämme gebraucht worden."
„Anfangs sind wir mit dem Zug gefahren. Im Gepäck ein oder zwei Flechtkörbe voll mit Schwämmen – nach Niedernhausen oder Eppstein." Da im Taunus, rund 45 Kilometer von Jügesheim entfernt, waren die Gerbereien für die Offenbacher Lederwaren, die großen Bedarf an Schwämmen hatten: „Damals gab es noch keine Spritz-

maschinen; man hatte in jeder Hand einen Schwamm, links und rechts vom Leder standen die Dosen mit den Farben, und dann wurde beidhändig gefärbt." Der Bedarf war immer da. „Ankündigen mussten wir uns nie."
Später war es dann ein Moped mit Hänger, mit dem die Ware transportiert wurde. Aber die Besuche blieben lange Zeit spontan. „Irgendwann haben wir Postkarten geschrieben: ‚Nächste Woche kommen wir.' Das hat gereicht." Er lächelt verschmitzt.
Im Januar 1962 gehen Thomas Bischof und Walter Hammel getrennte Wege. Sie haben unterschiedliche Ansichten, was die Ausrichtung des Geschäfts angeht. Schwämme haben beide weiterhin im Programm, Thomas Bischof entscheidet sich für das Geschäftsfeld Schulbedarf, Walter Hammel für die Gebäudereinigung. „Ich habe von ihm viel gelernt, gerade was das Präparieren der Schwämme betraf", sagt er dankbar. „Er hatte die Erfahrung."
Walter Hammel spezialisiert sich auf die Bedürfnisse der Glasreiniger, den Vorläufern der Gebäudereiniger. Fensterleder war deren wichtigstes Werkzeug, dazu brauchten sie noch Tücher zum Einwaschen und Polieren, den Wischer sowie eine Leiter. Er besucht seine Kunden persönlich, baut sein Wirkungsgebiet langsam aus. Hessen, die Pfalz und Baden-Württemberg bereist er regelmäßig.
Eine wegweisende Freundschaft beginnt Mitte der 1960er Jahre. Henry Unger will den deutschen Markt erobern und stellt auf einer Messe in Bad Godesberg seine Stange für die Glasreinigung vor. Walter Hammel ist überzeugt: „Das setzt sich doch nie durch."
Doch dann lässt er sich nicht nur von der Idee überzeugen, sondern findet in dem US-Amerikaner einen Mitstreiter, Freund und Unterstützer. Aber die Vermarktung der Stange war anfangs schwierig. „Viele Kunden wollten uns gar nicht empfangen."
Doch sie setzen sich durch, gehen gemeinsam auf Reisen, um ihre Produkte anzubieten. Immer noch ist der persönliche Kontakt zu den Kunden das A und O. „Es waren glanzvolle Jahre", sagt Walter Hammel. Beide profitieren voneinander, wachsen. Aus dem Einzelunternehmen Walter Hammel wird Mitte der 1970er Jahre der Hammel Reinigungsmarkt, gute zehn Jahre später die Harema GmbH, die mittlerweile knapp 40 Mitarbeiter hat. Die Firma Unger zählt heute international zu den führenden Anbietern in den Bereichen Glasreinigungsbedarf als auch Reinigungsprodukte und ist natürlich seit jeher im Produktsortiment der Harema zu finden.

Privatleben kennt Walter Hammel in diesen „glanzvollen Jahren" kaum. Seine Frau Else arbeitet mit, die drei Kinder Cornelia, Stefan und Elke sehen ihren Vater eher selten. Sonntags nimmt er sich frei, um dann den Vormittag doch beim Frühschoppen zu verbringen. „Urlaub gab es nicht. Wenn Ferien waren, hatten die Gebäudereiniger Hochkonjunktur und erstanden Grundreinigungen, da musste ich da sein", sagt er, und es klingt ein bisschen resigniert. „Ich würde es heute nicht mehr so machen", gibt er zu. „Es war eine schöne Zeit, aber mit vielen Entbehrungen." 1992 übergab er die Geschäftsführung an seinen Sohn. Seine Frau Else verstarb im November 1986. Gemeinsame Freizeit kann er mit ihr nicht mehr verbringen. Er arbeitet noch bis zu seinem 70. Geburtstag und darüber hinaus, wenn es notwendig war. Danach hat er sich vom aktiven Geschäftsleben verabschiedet.
Heute ist er ein seltener Gast im Büro. Er hat sich ins Private zurückgezogen, wieder geheiratet und genießt das Leben nun mit Margot. Zum Frühschoppen geht er auch nur noch alle zwei Wochen. Lieber mäht er den Rasen oder holt die Entspannung nach, die ihm in den Jahrzehnten zuvor nicht möglich war. „Stünde ich heute vor der Entscheidung, was ich tun soll, würde ich was verkaufen, dass einfach in ein Köfferchen passt."

Walter Hasenkampf mit seinem Sohn Bernd.

Urgesteine der Reinigungsbranche: Walter Hasenkampf

„Ich würde es wieder so machen“

Den Geruch von Reinigungsmitteln lernt Walter Hasenkampf schon früh kennen. Sein Stief-Großvater stellt Bohnerwachs her, und sein Vater arbeitet für ihn als Prokurist. Und es zeichnet sich bereits früh ab, dass auch die dritte Generation in der Reinigungsbranche erfolgreich sein wird.

Die Walter Hasenkampf GmbH in Norderstedt.

Walter Hermann Hasenkampf, wie er mit vollem Namen heißt, kommt am 6. November 1930 auf die Welt. Die dreiköpfige Familie – Mutter Martha und Vater Walter haben nur ein Kind – lebt in Eimsbüttel, einem Hamburger Stadtteil. Der Stadtteil grenzt an St. Pauli und die Hafenanlagen. Hier wächst er auf, verbringt seine Jugend, die vom Krieg geprägt ist. „Mit 14 Jahren musste ich mich freiwillig melden", erinnert er sich mit einem Schaudern: Er erhält eine alte Wehrmachtsuniform und Knobelbecher „mit Einschusslöchern". Der junge Walter wird als Melder während des möglichen Häuserkampfs eingesetzt und erlebt Szenen, die sich in sein Gedächtnis brennen. „Meine Kindheit war nicht so ganz glücklich", sagt er rückblickend und schüttelt dabei langsam den Kopf.

Nach dem Zusammenbruch beginnt auch bei Familie Hasenkampf der Wiederaufbau. Und es gibt etwas, das wiederaufgebaut werden kann: Die Firma von Herrmann Bohlen. Der zweite Ehemann seiner Großmutter hatte sich schon vor dem Krieg als Drogist selbständig gemacht. Sein wichtigstes Produkt: Bohnerwachs. Auch Walter Hasenkampf senior ist als Prokurist Teil des Unternehmens und leitet es, nachdem der Gründer 1936 stirbt.

Nach dem Krieg sind alle Vermögenswerte verloren, der Fahrzeugpark war schon von der Wehrmacht requiriert worden, das Unternehmen ist eigentlich nicht existent. Ein Partner wird hinzugezogen, doch auch das funktioniert nicht richtig. Letztendlich nimmt Walter Hasenkampf senior die Produktion von Bohnerwachs, dem Selbstglanzwachs G20, Scheuermilch und von Neutralreiniger auf. „Das muss dann um 1952, 1953 in Billbrook gewesen sein", sagt der Sohn rund 60 Jahre später. Zu dieser Zeit wird aus der Firma Herrmann Bohlen die Firma Walter Hasenkampf. Es sind sehr bescheidene Anfänge, weiß er, auch wenn es keine genauen Daten gibt: „Wir haben leider keine Aufzeichnungen von früher", sagt Walter Hasenkampf junior.

„Damals wurden fast alle Parkettböden mit Bohnerwachs gepflegt", erinnert sich der 82-Jährige. Und Bohlivia – das Wachs trägt den Namen seines Erfinders Herrmann Bohlen – ist ein kleiner Verkaufsschlager: Mit dem Mittel aus Hamburg werden sämt-

Walter Hasenkampf

liche Parkettböden der deutschen Karstadt-Häuser gepflegt. Im Kaufhaus an der Mönckebergstraße lernt der junge Hasenkampf dann das Einmal-Eins der Reinigung kennen: Einmal im halben Jahr muss der Boden in dieser Filiale mit Schrubbern, Lappen und Terpentin grundgereinigt werden. Das geschieht nachts, und der Schüler, der 1950 sein Abitur ablegt, bessert sich so sein Taschengeld auf.

Doch Walter Hasenkampf jr. lernt nicht nur den Umgang mit Reinigungsmitteln und -geräten kennen, auch in der Produktion ist er zu Hause. „Das war außerordentlich wichtig für meinen Werdegang“, weiß er heute. Ein weiterer Baustein des späteren Erfolgs ergibt sich durch einen weitläufigen Verwandten aus Amsterdam, der feinstes Fensterleder aus Holland nach Deutschland importiert. Er lernt ihn und andere aus diesem jungen Geschäftsfeld kennen. „Auf diese Weise bin ich dann auch mit Karl-Hans Lehmann und Hanns-Heinrich Supthut zusammengekommen“, erinnert er sich. Und an diesem Punkt, Mitte der 1950er-Jahre, ändert sich sein Berufswunsch.

Denn nach dem Abitur geht er bei der Norddeutschen Bank, einer Vorgängerin der Deutschen Bank, in die Lehre. Anschließend arbeitet er in einer kleinen Privatbank. Sein Weg scheint vorbestimmt. Doch nach vier Jahren ist 1956 Schluss. Zu groß ist der Reiz, etwas Eigenes auf die Beine zu stellen und das Wissen aus Theorie und Praxis der Reinigung zu nutzen. „Da hat mich nichts mehr gehalten, ich wollte selbständig werden!“, sagt er bestimmt. Er beginnt, Ledertücher zu verkaufen. Dies tut er im eigenen Namen und auf eigene Rechnung. „Das Unternehmen meines Vaters war für ihn ausreichend, aber mich hätte es nicht auch noch versorgen können.“
Er klappert Tankstellen und Glasreiniger ab, bietet ihnen seine Fensterleder an. Anscheinend mit Erfolg: Bei der ersten bundesweiten Fachausstellung der Gebäudereinigerinnung in Hamburg 1958 im Winterhuder Fährhaus ist Walter Hasenkampf jr. mit einem Stand vertreten. Der Kontakt zu den Glasreinigern führt dazu, dass er sein Sortiment erweitert. „Die kamen zu mir, weil sie wussten, dass ich mich durch meinen Vater auch mit Reinigungschemie und Reinigungstechniken auskannte.“ Die Glasreiniger brauchten Antworten und Lösungen, denn deren Kunden wollten mehr als die bloße Glasreinigung. „Da konnte ich ganz gut helfen“, sagt er mit einem wissenden Lächeln. Sein Geschäft wächst.

1963 ist ein weiteres einschneidendes Jahr – für Walter Hasenkampf jr., aber auch für die gesamte Branche: Henry Unger, der US-amerikanische Reinigungspionier, kommt nach Hamburg und bringt seine Ideen aus Kalifornien mit. Statt mit den

schweren Chicago-Wischern und auf Leitern zu arbeiten, setzt Unger auf sein Teleskopstangen-System. „In seinem Wohnzimmer hat er mir gezeigt, was er mitgebracht hat und gefragt, ob ich daran interessiert sei.“ Die Antwort ist klar: „Selbstverständlich“, findet der damals 33 Jahre alte Jung-Unternehmer.
Die beiden tun sich zusammen und gehen auf Tour, um das System in der Praxis zu demonstrieren. Mit durchschlagendem Erfolg, wie Walter Hasenkampf resümiert: „Die Hamburger Glasreiniger haben vor lauter Staunen den Mund nicht mehr zu bekommen.“ Allein wegen der Zeitersparnis gleicht das Stangensystem einer Revolution. „Die mussten erkennen, dass sie vorsintflutlich arbeiteten.“

Unger erkennt das Potenzial seiner Idee und entscheidet sich, in Deutschland zu bleiben. Damit legt er den Grundstein für die moderne Gebäudereinigung: In Solingen plant der US-Amerikaner eine Produktion für Glasreinigungsprodukte. Auf dessen Frage, ob er mitmachen wolle, antwortet Walter Hasenkampf dem Freund: „Nein.“ Er glaubt nicht, dass Wischer ein großes Geschäft werden können: „Ich habe meinen Handel hier in Hamburg, den möchte ich ausbauen.“ Auf den konzentriert er sich.
1963 hat Walter Hasenkampf ein Lager und ein kleines Geschäft im Schanzenviertel. Eine Mitarbeiterin – und später seine Frau Ruth helfen ihm bei der täglichen Arbeit. „Ohne sie würde es das Unternehmen gar nicht geben“, sagt er mit Dankbarkeit in der Stimme. Sieben Jahre zuvor brachte sie mehr als die Hälfte des Gründungskapitals auf: Ohne die 400 Mark seiner Verlobten hätte Walter Hasenkampf die benötigten 700 Mark nicht stemmen können. 1958 heiraten sie.
1965 baut Hasenkampf in Halstenbek bei Hamburg. Nach mehreren Ausbaustufen wird das Gelände zu klein, und 1991 zieht das Unternehmen um nach Norderstedt. Dabei setzt Walter Hasenkampf jr. allein auf den Handel. Den Betrieb des Vaters übernimmt er nicht. „Die Produkte waren am Ende nicht mehr so lohnend“, so seine Feststellung. Und gegen die Großen der Branche hätte er damals schon keine Chance gehabt.
Um generell die Chancen regionaler Händler auf dem Markt zu verbessern, ist Walter Hasenkampf auch Mitstreiter bei der Gründung der RSP Reinigung Systempartner eG 2003. Das deutschlandweite Netz von Reinigungsgroßhändlern ermöglicht es den regionalen Partnern bundesweit zu agieren und als Gemeinschaft bessere Einkaufsoptionen zu erzielen.
Mittlerweile – die Geschäftsführung liegt seit 2007 in den Händen seines Sohns Bernd – verfügt die Walter Hasenkampf GmbH neben dem Hauptstandort Norderstedt über zwei weitere Niederlassungen in Hamburg sowie Standorte für die Region Oldenburg/Bremen und Hannover.
Mit über 40 Mitarbeitern und einem Komplettsortiment von fast 12.500 Artikeln zählt die Hasenkampf GmbH heute mit zu den führenden Fachgroßhändlern für Reinigungsartikel im norddeutschen Raum.

Jetzt nimmt sich Walter Hasenkampf Zeit für das Privatleben. Seine Maxime damals: „Erst der Kunde, dann das Unternehmen, dann man selbst.“ Sein Privatleben damals fand überwiegend am Wochenende statt, oft nur mit eingeschränkter Zeit für die Familie. Besuche im Stadion am Millerntor bei „seinem“ FC St. Pauli sind selten. 30 Jahre lang macht er keinen Urlaub. Eine Ferienwohnung an der Ostsee wird mangels Nutzung schon 1980 wieder verkauft. „Ich würde es wieder so machen“, sagt er, fügt dann aber in Gedanken an seine Frau hinzu: „Wir machen viele Reisen durch die Welt und holen damit vieles nach.“

Urgesteine der Reinigungsbranche: Günter Heidt

Die Faszination für die Chemie war schon immer bei ihm vorhanden

Günter Heidt, Inhaber der Heidt und Schwarzfeld GmbH, ist auch nach mehr als 39 Jahren in München ein Frankfurter Bub geblieben. Sein Lachen ist rau und herzlich, und wenn er ins Plaudern kommt, dann merkt man ihm die Herkunft auch an. Sein Geburtstag ist der 28. Mai 1941. Doch auch wenn er die 70-Jahre-Marke längst hinter Günter Heidt liegt, ans Aufhören mag er nicht denken. „Auch wenn meine Freunde mir raten, genau das zu tun." Doch er ist sich sicher: „Das Arbeiten hält mich fit und jung." Das Wort Vorruhestand hat, wenn er es ausspricht, keinen guten Klang. „Das kann ich nicht nachvollziehen".

Es ist mitten im Krieg als Günter Heidt in Frankfurt geboren wird, doch zu seinem Glück kommt die Familie relativ unbeschadet davon. Das einzige Kind erlebt die kritischen Tage zudem bei der Oma auf dem Land. „Ich erinnere mich nur an den Zusammenstoß einer Spitfire und einer Fokker in der Luft.“

Er lächelt bei dem Gedanken und lehnt sich entspannt in seinem Drehstuhl zurück. Es sind spielerische Erinnerungen, die hier zeitlich und geografisch weit von seinem Büro entfernt liegen. Seit 1985 lebt und arbeitet der Frankfurter mittlerweile in München.

Nach der Realschule in Frankfurt beginnt er eine Ausbildung zum Maler. „Ich musste ja irgendetwas tun“, sagt er und lacht. Der Vater ist Angestellter, arbeitet bei Hertie. Sein Sohn will eher praktische Erfahrungen sammeln. „Ein Freund meines Vaters hatte ein Malergeschäft.“ Und so reift in ihm der Entschluss, die Ausbildung zum Maler und Lackierer zu beginnen. Es wird nicht die einzige Entscheidung in seinem Leben sein, die eher durch einen Zufall und eine befreundete Person unterstützt wird.

Nach der Ausbildung schließt sich der junge Frankfurter für vier Jahre der Bundeswehr an. In Norddeutschland wird er zum Kampfschwimmer und Einzelkämpfer ausgebildet. Dort erfährt er, wie wichtig Wille und Durchhaltevermögen sind. „Das hat mir sicherlich geholfen, meinen Weg zu gehen“, sagt er, zündet sich eine Zigarette an und inhaliert genussvoll. Es ist sein einziges Laster. Doch, es gibt ein weiteres, gibt er dann zu: „Meine Arbeit!“ Und dann lacht er wieder über das ganze Gesicht.

Nach der Bundeswehr in Schwanewede kehrt Günter Heidt wieder nach Frankfurt zurück. Doch es zieht ihn nicht ins Maler- und Lackiergewerbe. Er will mehr erreichen. Dafür fährt er zweispurig. Er besucht die Abendschule, um seinen Meister zu machen, und er schreibt sich an der Universität Frankfurt als Gasthörer ein: Die Chemie übt auf ihn einen magischen Reiz aus. „Chemie hat mich schon immer fasziniert.“ Seine Augen leuchten. Dinge ausprobieren, sie zu mischen und damit ihre Eigenschaften zu verändern, das lässt ihn aufleben. Heute genauso wie gestern. „Die unzähligen Möglichkeiten und Anwendungen, die sich mit Chemie erreichen lassen, finde ich faszinierend – und das war schon als Kind so.“

Das Maler- und Lackiererhandwerk gehört gedanklich längst der Vergangenheit an, als er 1970 die Meisterprüfung ablegt. Nach vier Jahren an der Universität und ausgestattet mit chemisch-technischem Know-how beschließt er, Handelsvertreter für Reinigungschemikalien zu werden und macht sich selbstständig. Seine Kunden sind von Anfang an Gebäudereiniger. Er geht Klinkenputzen, führt vor, demonstriert und vertreibt die Ware seiner Handelspartner. Aufgrund seines praktischen Wissens wird er immer wieder bei Problemen nach Lösungen gefragt. Und eines Tages geht es um eine Fassade – „um die Reinigung eines Sandsteins". Es ist wieder ein Freund, der den Ausschlag gibt, weil er diese Frage stellt. Günter Heidt nimmt sich des Problems an und tüftelt so lange, bis er die richtige Zusammensetzung zur Lösung der Aufgabe hat. Der Grundstein für den weiteren Werdegang ist gelegt.

1985 zieht es Günter Heidt aus privaten Gründen nach München, er wohnt im quicklebendigen Schwabing. Dort sind auch Lager und Büro. Er baut sich einen festen Kundenstamm auf. „Ich habe gut verdient", sagt er, und es klingt ein wenig wehmütig. Auch wenn seine Arbeitstage lang und die Wochenenden kurz sind. Beim Spaziergang mit dem Hund trifft er – Ende der 1980er Jahre – seine Nachbarin. Auch sie ist mit Hund unterwegs. „Die Hunde haben sich unsterblich ineinander verliebt", berichtet der Frankfurter mit einem verschmitzten Lächeln. Es sind aber nicht nur die Hunde, die dafür sorgen, dass sich Karin und Günter häufiger sehen. Die junge Frau, die zu diesem Zeitpunkt in der Werbemittelbranche arbeitet, und der Unternehmer werden ein Paar.

Ende 1987 wird aus dem Einzelunternehmen die Heidt und Schwarzfeld GmbH. Das zweite Gründungsmitglied verlässt das Unternehmen allerdings noch im darauffolgenden Jahr. Das Einzige, das bleibt, ist sein Name. Hintergrund der Umfirmierung: Günter Heidt vertreibt nicht mehr nur Produkte, er ist jetzt auch Produzent. Bei der Lösung des „Sandstein-Problems" zeigt sich für ihn, dass die vorhandenen Produkte nicht ausreichen, um den Markt der Fassadenreinigung optimal zu bedienen. Auch durch das Aufkommen moderner Baustoffe bieten sich neue Perspektiven. Gemeinsam mit einem Partnerunternehmen entwickelt er Chemikalien für spezielle Anwendungen auf Fassaden – heute umfasst das Portfolio der Heidt und Schwarzfeld GmbH Reinigungschemie für Anwendungen auf Stein, Glas, Kunststoffen und Metall. „Mit Reinigung und Fassadenreinigung im Besonderen hatte sie nichts am Hut", erinnert sich Günter Heidt. Seine Frau, deren Schreibtisch im Zimmer nebenan steht, ist dazugekommen und nickt bestätigend.

Im November 1988 ist es dann soweit: Der Frankfurter und die Münchnerin heiraten. Ein Großteil des gemeinsamen Lebens spielt sich im Unternehmen ab. „Es war Teil von uns", sagt die gebürtige Münchnerin, Jahrgang 1961. „Das haben wir nicht als Belastung empfunden." Allerdings nehmen sich die beiden gezielt Auszeiten und gehen unter anderem zusammen Skifahren. „Es gibt ein Leben neben der Firma“, sagt Karin Heidt. Andererseits dauert die Auszeit „nie länger als zwei Wochen“, dann ruft das Büro wieder.

Das Wohlergehen des Unternehmens steht an erster Stelle - bis 1990. Da kommt Patrick auf die Welt. Während Karin Heidt kürzer tritt, um für den Sohn dazu sein, gibt Günter Heidt weiter Vollgas. Sie ist weiterhin vormittags im Büro, doch ihr Nachmittag gehört dem Kind. 1991 erfolgt der Umzug nach Gräfelfing im Westen Münchens. Da die ersten Räume bald zu klein werden, erfolgt 1994 ein weiterer Umzug in die heutigen Räumlichkeiten. In dem schmucklosen Bürogebäude gibt es ein Lager, Büros und einen Trakt für Seminare. Regelmäßig schult der Experte für Fassadenreinigung dort Gebäudereiniger. Für die Theorie ist einer seiner ehemaligen Mitarbeiter zuständig, den praktischen Teil übernimmt er. „Das muss ich einfach“, sagt er und grinst schelmisch. Es ist seine Welt.

Nach dem Umzug 1994 trennte man sich von dem bisherigen Partnerunternehmen und fand zwei Firmen, mit denen man bis heute zusammenarbeitet. Im Laufe der Jahre hatte man viele Handelsvertreter in unterschiedlichen Regionen. „Momentan arbeiten wir mit unseren langjährigen Vertretern in Solingen und Berlin sowie einer Niederlassung im Saarland zusammen. Desweiteren haben wir Handelspartner im In- und Ausland, die unsere Produkte vertreiben“, so Heidt.

Hier stehen auch die beiden Schreibtische von Karin und Günter Heidt. Täglich sind beide da, allerdings ist er mittlerweile derjenige, der früher nach Hause geht: „Um 13:30 Uhr mache ich normalerweise Schluss“, sagt er. Dann zieht es ihn nach Hause. Zur Entspannung geht es mit dem Hund an die frische Luft. Er will lieber bewusst kürzer als abtreten. Denn ganz loslassen mag er nicht, ans Aufhören denkt er nicht. „Kann ich nicht“, gibt er zu und lächelt. Zwar würde er sich nicht ärgern, wenn es einen Käufer für die Heidt und Schwarzfeld GmbH gibt. Sohn Patrick fällt raus, er hat sich für eine eigene Karriere entschieden. Er ist Gebäudereiniger. Der Vater findet das großartig und unterstützt das: „Ich bin auch meinen eigenen Weg gegangen. Das ist das Beste, was man machen kann.“ Doch der Käufer muss seinen Vorstellungen entsprechen - „und ich wäre gern weiterhin als Berater aktiv“.

Außerdem, findet er, ist er das seinen Kunden schuldig. „Die kann ich doch nicht im Stich lassen.“ Ebenso mag sich Karin Heidt mit dem Gedanken an einen Ruhestand abfinden. „Ich würde auch weiterarbeiten und mein Wissen gern weitergeben“, sagt sie. Für Günter Heidt ist sie „die Seele des Unternehmens“, er sei „nur das ausführende Organ“. Dann lacht er wieder, und seine Frau stimmt mit ein.

Urgestein der Reinigungsbranche: Bernd Heilmann

Schon früh weiß er, was er will

Bernd Heilmann ist zufrieden. Im Alter von 65 Jahren zieht er einen Schlussstrich, hört nahezu von einem auf den anderen Tag auf. „Das hatte ich mir so vorgenommen“, sagt er im Gespräch mit Reinigungs Markt-Chefredakteur und -Herausgeber Reinhard Knittler und Korrespondent Patrick Merck. Überhaupt hat Bernd Heilmann in seinem Berufsleben die klare Ansage bevorzugt.

Geboren wird Bernd Heilmann als ältester Sohn eines Kaufmanns am 23. Februar 1945 in Heddernheim. Der Frankfurter Stadtteil ist ein lebensfrohes Viertel, das vor allem zur Fastnacht auch gern „Klein Paris" – oder hessisch „Klaa Paris" – genannt wird. Die positive Grundstimmung ändert sich auch durch die Nachkriegszeit kaum: Frankfurt ist wichtiger Stützpunkt der US-Army, und der Junge kommt schon früh in Kontakt mit Chewing Gum und Rock'n'Roll.

Sein Vater, Bernhard, ist Geschäftsführer einer Lanz-Vertretung. Heddernheim – im Nordwesten Frankfurts gelegen – grenzt an die Wetterau, die Landwirtschaft nach dem Krieg blüht auf. Beim Gedanken daran umspielt ein Lächeln die Züge des heutigen Privatiers. Er nimmt einen Schluck Kaffee und lässt den Blick kurz über die sonnige Terrasse kreisen. „Das war schon eine besondere Zeit", sagt er.

In dieser spannenden und bewegten Atmosphäre wächst Bernd Heilmann auf. Doch im Lauf der Zeit ändern sich die Vorzeichen: Als er seine Schulzeit 1961 an der Staatlichen Handelsschule Frankfurt mit der Mittleren Reife beendet, hat sich ein Strukturwandel vollzogen. Die Stadt Frankfurt wächst, aus Äckern wird Bauland, die Landwirtschaft in der Rhein-Main-Region schwindet. Und mit ihr die Grundlage für die Lanz-Vertretung. Das Familienoberhaupt entschließt sich zum Standortwechsel. Nur wenig später nach dem Schulabschluss heißt es für Bernd und seinen vier Jahre jüngeren Bruder Hans Abschied nehmen vom pulsierenden Frankfurt. „Und so bin ich im stolzen Alter von 17 Jahren – damals ist man als Kind ja mitgezogen – nach Bad Oldesloe gekommen", erinnert er sich. Es ist eine radikale Veränderung seines Lebens. „Ich kam aus einer amerikanisch-geprägten, fortschrittlichen Großstadt nach Schleswig-Holstein, das damals sehr stark landwirtschaftlich geprägt war", sagt Bernd Heilmann, um nach einer kurzen Pause hinzuzufügen: „Und sehr konservativ." Der Vater bleibt sich beruflich treu und wird Geschäftsführer eines Landmaschinenhandels. Sein ältester Sohn sucht und findet eine Lehrstelle: bei Hako. Das kleine Unternehmen ist zu diesem Zeitpunkt bekannt für Traktoren und vor allem für seine Motorhacken, die ausschließlich an Gewerbetreibende europaweit veräußert werden. Auch Bernds Vater vertreibt die handlichen Maschinen. „Daher kannten wir Hako."

1962, Bernd Heilmann beginnt gerade seine kaufmännische Ausbildung, beginnt auch für Hako ein neues Betätigungsfeld: die Reinigungstechnik. Der erste Hamster kommt auf den Markt, eine handgeführte Kehrsaugmaschine. Es geht um eine Neu-Positionierung. Denn der Strukturwandel, den Bernhard Heilmann in Frankfurt erlebt hat, passiert wenig später auch in Deutschland: Die Zahl der Nebenerwerbslandwirte, die vor allem Bedarf an kleinen Maschinen hatten, geht zurück. Noch spielt das für den jungen Azubi, dem es schwerfällt, sich mit

Schleswig-Holstein anzufreunden, jedoch eine untergeordnete Rolle, „Die ersten zwei Jahre fühlte ich mich hier gar nicht wohl", gibt er zu. Er widmet sich stattdessen zwei Dingen mit Verve: seiner Ausbildung und dem Sport. Bernd Heilmann ist Leichtathlet und sichert sich 1964 sogar die Norddeutsche Juniorenmeisterschaft über 100 Meter. „Die bin ich in 10,5 Sekunden gelaufen." 1965, nach der Lehre und dem Erhalt des Kaufmannsgehilfenbriefs, übernimmt Hako den 20-Jährigen in die Finanzbuchhaltung. Und der muss sich entscheiden! „Sport oder Beruf? Beides ging nicht", weiß er damals schon. „Ich habe mich für den Beruf entschieden." Er hält kurz inne. „Es war keine Herzensentscheidung, sondern eine mit dem Kopf."

Am 1. April 1965 darf er als frischgebackener Kaufmannsgehilfe für Hako in deren italienische Dependance nach Rom und lernt so die internationale Seite des Geschäfts kennen. Ein knappes halbes Jahr später ist allerdings Schluss. „Ich trat meinen Wehrdienst beim Bundesgrenzschutz in Lübeck an." Es ist nur eine Unterbrechung, 18 Monate danach kehrt er zu Hako zurück. „Ich wollte Karriere machen."

Als Kaufmannsgehilfe und mit der Mittleren Reife als höchsten Bildungsabschluss weiß er, dass er mehr zu leisten hat als andere, die etwa Abitur und Studium vorzuweisen haben. Er nimmt die Herausforderung an. Und zwar positiv-offensiv. „Beim Einstellungsgespräch mit Firmengründer Hans Koch und seiner Tochter bin ich gefragt worden, was ich mal werden will", erzählt er. Seine Antwort damals: „Ich will Geschäftsführer werden." Er lacht fröhlich.

Sein Plan geht auf. Ende 1966 steigt er, frisch aus dem Wehrdienst entlassen, in die Finanzbuchhaltung ein, und wird am 1. Juli 1968 deren Leiter. 1972 wechselt er ins Marketing und übernimmt 1975 die Vertriebsleitung Deutschland. 1981 wird er Gesamtvertriebsleiter, sieben Jahre später hat er das bei seiner Einstellung formulierte Ziel erreicht. Er ist Geschäftsführer der Hako-Werke. Er investiert viel, um dieses Ziel zu erreichen. „Wer in einem Unternehmen Karriere machen will, ohne über Erfahrungen in anderen Unternehmen zu verfügen, muss besser sein als externe Bewerber." Vor allem, wenn diese mit Studium, guten Referenzen und Zeugnissen auf sich aufmerksam machen können. Die fehlende Ausbildung ist für ihn Ansporn, mehr zu tun. Dem beruflichen Aufstieg ordnet Bernd Heilmann nahezu alles unter. „Ich musste besser sein als die anderen- genoss aber auch die Förderung durch die Gesellschafter."
Es gibt daher nur zwei Themen in seinem Leben: die Karriere bei Hako und seine Familie. Andere Hobbys verfolgt er nicht. 1975 heiratet er Marlene, die er über seinen Bruder kennengelernt hat: Sie ist die Schwester der Ehefrau seines Bruders. Marlene Heilmann weiß um die Ziele ihres Mannes und hält ihm den Rücken frei, gibt ihm Kraft und schafft ihm seinen kleinen Ruhepol.

1977 kommt Stefanie auf die Welt, zwei Jahre später Carsten. Bernd Heilmann sieht seine Kinder selten, er geht früh und kommt selten vor 20 Uhr nach Hause. Urlaub ist ein seltenes Gut, meist geht er früher als geplant oder ohne die Anwesenheit des Vaters über die Bühne. Es ist ein kleiner Wermutstropfen in seiner Biografie, gibt er zu. „An meinem Enkel sehe ich, was ich alles versäumt habe." Ganz ruhig fährt er fort: „Ich habe erst im Ruhestand gemerkt, wie unwichtig manche Themen sind, die ich zuvor für wichtig erachtet habe."

Die Familie wohnt keine fünf Kilometer von den Hako Werken entfernt. „Ich war ganz nah dran", sagt er. Und die Doppelbedeutung ist unüberhörbar. „Ich konnte abends nicht abschalten." Gleiches gilt für Wochenenden: „Der Reiz, hinüberzufahren, war groß." Oft zu groß. „Ich war sehr oft dort."
1990 schafft er sich einen Puffer: „Da haben wir uns eine Ferienwohnung in Scharbeutz gegönnt." Die halbe Stunde Fahrt zwischen Bad Oldesloe und der Ostsee hilft. Hier schaltet er ab – an Wochenenden oder auch mal an einem Abend.
„Auch wenn ich angestellt war, ich habe immer gehandelt, als wäre es meine Firma." Er übernimmt nicht nur Verantwortung, er fordert sie. Er verknüpft seinen Erfolg mit dem der Firma. „Wenn es der Firma gut geht, geht es auch den Gesellschaftern gut – ebenso den Mitarbeitern." Er zieht seine Mitarbeiter mit, er geht mit positivem Beispiel voran und definiert gemeinsame Ziele, die dann zusammen erreicht werden. „Das scheint mir ganz gut gelungen zu sein", sagt er mit Blick zurück.

Sein Engagement wird auch in der Branche erkannt. 1985 wird er Vorsitzender Fachverbandes Reinigungssysteme im VDMA und gehört zu den Gründervätern des europäischen Pendants: EUnited, dessen Vorsitz er übernahm. Verbandsarbeit ist für den gebürtigen Frankfurter unerlässlich: „Da muss man die Firmenbrille mal abziehen", sagt er ernst. So wie er bei Hako Mitstreiter begeistert und findet, gelingt ihm das auch bundes- und europaweit.
Er gibt Vollgas, aber so wie er sein Berufsleben strukturiert hat, macht er es auch mit dessen Ende. Auf der CMS 2009 in Berlin, wo Hako 30 neue Maschinen und große Pläne präsentiert, gibt er seinen Rückzug bekannt. Für die meisten Kolleginnen und Kollegen kommt es überraschend. Und für ihn? „Es war einfach Schluss!", sagt er. Es klingt sowohl befreiend als auch wehmütig. Er atmet tief durch.

Heute geht es Bernd Heilmann ruhiger an. Von seinem Arbeitszimmer in Rümpel aus berät er ausgewählte Unternehmen „vier bis acht Tage pro Monat". Sich ganz und gar dem Nichtstun widmen und nur Privatier in den eigenen vier Wänden zu sein, ist seine Sache nicht. Marlene Heilmann lacht: „Nein, das mag ich mir auch nicht vorstellen."

Urgesteine der Reinigungsbranche: Stephan C. Hübenthal

Der Fernschreiber lebt weiter

Stephan C. Hübenthal hatte einen Plan: Nach seinem 63. Geburtstag sollte eine Vier-Tage-Woche kommen, mit 65 sollten es nur noch drei Arbeitstage pro Woche sein. Die beiden Söhne Daniel und Alexander haben das Unternehmen schließlich im Griff. Mittlerweile steht sein 65. Geburtstag vor der Tür, und so ganz ist seine Rechnung nicht aufgegangen. „Vielleicht schaffe ich ja da die Vier-Tage-Woche für mich einzuführen", sagt er mit einem Lächeln im Gespräch mit Reinigungs Markt-Korrespondent Patrick Merck.

Ein normaler Freitagnachmittag. In den Produktionshallen der Carl Hübenthal KG in Altena ist es ruhig. Die Maschinen stehen still. In den Büros ist noch Aktivität, man hört Telefonate. Irgendwo werden Türen geöffnet und geschlossen. Im Büro des Chefs ist es ruhig, aber nicht so ruhig, wie er sich das einmal erhofft hatte. „Eigentlich sollte ich freitags gar nicht mehr hier sein", sagt Stephan C. Hübenthal. Vor knapp zwei Jahren mit dem 63. Geburtstag vor der Nase hatte er sich das mit dem Kürzertreten vorgenommen. Er wollte mehr Zeit zu Hause und mit seiner Frau verbringen, weniger im von ihm geleiteten Familienunternehmen. „Es hat noch nicht ganz geklappt", gibt er mit einem breiten Lächeln zu. „Aber was nicht ist, kann ja noch werden." Der Sauerländer weiß aus eigener Erfahrung, dass Pläne nicht immer so funktionieren, wie man sich das wünscht.

Geboren wird Stephan Carl Hübenthal am 20. September 1952 in Altena als ältestes von drei Geschwistern in eine Unternehmerfamilie. Die Carl Hübenthal KG, gegründet 1932 vom Großvater, handelt mit Textilien für die Reinigung. Sie kauft Lumpen auf, sortiert sie, um sie anschließend an die vielen Industriebetriebe der Region zu veräußern. Altena lebt von Metall und Draht: Hier werden Schrauben gefertigt und Drähte in allen Güten produziert. Der Bedarf an Reinigungsmaterialien ist enorm. 1936 wird der Handel durch eine Industriewäscherei ergänzt.

Drei Jahre nach der Geburt seines ersten Kindes Stephan steigt Christoph Hübenthal in das Geschäft des Vaters ein, 1957 stirbt der Gründer. Seine drei Enkel wachsen mit und in der Firma auf. Für die beiden Jungs Stephan Carl und den zehn Jahre jüngeren Christoph Ernst werden die Weichen schon früh gestellt: Sie sollen später ebenfalls einsteigen. Für Stephan heißt das: Nach der Schule und dem Abitur wartet die Bundeswehr. Anschließend schickt ihn sein Vater für ein Jahr zu einer Im- und Exportfirma nach Bremen, um die Welt des Überseehandels von der Pieke auf zu lernen. Zumal die Hübenthal KG seit 1962 Zell- und Vliesstoffe aus den USA importiert. Zwar ist die Industrie immer noch der größte Abnehmer, aber Putzlumpen aus Altkleider haben ausgedient, sie führen nur noch ein Nischendasein. Stattdessen produzieren die Hübenthals vor allem Einwegtücher aus Zell- und Vliesstoffen. Ein weiteres Jahr verbringt Stephan C. Hübenthal auch deshalb in North Carolina. Dort arbeitet der 20-Jährige im Vertrieb und vor allem an seinem Englisch. Erst danach soll es ans Studieren gehen; nach Frankfurt an die private European Business School, die auf Vertrieb und Marketing spezialisiert ist.

Die Hübenthal KG tritt zwar mit ihren Produkten auch unter ihrem Namen auf, bekannter ist allerdings ihre Marke itex. Was heute nach bewussten Marketing klingt, hat einen ganz einfachen und historischen Hintergrund. „In Zeiten als der Fernschreiber eines der wichtigsten Kommunikationsmittel war, musste jeder Anschluss eine eigene Kennung besitzen", erläutert Stephan C. Hübenthal. Da das Unternehmen Industrietextilien produzierte und vertrieb, kürzte sein Vater das lange Wort einfach ein und machte itex daraus. Der Name hat sich gehalten und bewährt. Einen Fernschreiber besitzt die Carl Hübenthal KG allerdings längst nicht mehr. Der Unternehmer ist sich zudem sicher: „Heute wäre es sicherlich nicht so einfach, diesen Markennamen durchzusetzen!"

Sechs Semester ist der Enkel des Firmengründers in Frankfurt an der Uni. Laut Plan hätte er dort noch seinen Abschluss gemacht, um dann langsam an der Seite des Vaters irgendwann die Geschäfte zu übernehmen. Viel gefehlt hat nicht. „Doch es kam anders", sagt der Sauerländer. 1975 zerstört ein Großbrand nahezu das komplette Betriebsgelände in der Innenstadt, die Lager und Teile der Produktion. Stephan C. Hübenthal bricht seine Zelte am Main ab und kommt zurück. „Zum Glück sind keine Menschen zu Schaden gekommen", erinnert er sich an den Brand, der durch

einen Kurzschluss verursacht worden war. Doch den Vater nimmt das Unglück sehr mit. Anstatt das Studium fortzusetzen und abzuschließen, bleibt der Sohn im Unternehmen und übernimmt Verantwortung. 1976 tritt mit ihm die dritte Generation Hübenthal offiziell ein.
Danach geht es Schlag auf Schlag. Stephan C. Hübenthal hat Ideen, sein Vater zeigt sich ihnen aufgeschlossen und lässt ihm viele Freiheiten bei der Neuausrichtung des Unternehmens. Der Wiederaufbau am alten Standort wird forciert, ein neuer Standort allerdings schon gesucht. 1976 steigt die Hübenthal KG in die professionelle Wischtuchfertigung ein. 1980 erwirbt sie eine Lagerhalle mit Gleisanschluss am Altenaer Bahnhof, und sechs Jahre später verfünffacht sich das Betriebsgelände: Am Springer Bach hatte das Familienunternehmen eine ehemalige Schraubenfabrik mit großen Hallen und viel Platz erworben und umgebaut.
Während dieser bewegten Jahre hat Stephan C. Hübenthal einen Ruhepol außerhalb der Firma: Marion. Mit er ist er mittlerweile 40 Jahre verheiratet, sie kennen sich aber noch deutlich länger, verrät er: „Das erste Mal sind wir uns im Urlaub begegnet.“ Da war er 18 Jahre alt und mit seinen Eltern in Österreich. Sie war 14 und mit ihrer Familie aus Heilbronn zum Urlauben in Kärnten. Den Kontakt halten beide nach dem ersten Treffen trotz der großen Distanz aufrecht. „Wir haben viel telefoniert und geschrieben.“ Er lacht bei der Erinnerung an Festnetztelefone mit langer Schnur und Gespräche, die nicht wie heute im eigenen Zimmer oder irgendwo abgeschieden mit dem Handy abliefen. Für den jungen Mann steht schnell fest, dass er mit ihr die Frau fürs Leben gefunden hat. Rund fünf Jahre später heiraten die beiden Urlauber, und nicht viel später macht Alexander, Jahrgang 1978, aus der Zweisamkeit eine kleine Familie. Komplettiert wird sie 1981 durch Daniel.

Erinnerung an North Carolina: Dieses Nummernschild gehörte dem gelben VW Kübel, mit dem Stephan C. Hübenthal während seines USA-Aufenthaltes im Osten des Landes unterwegs war .

Die gute Erfahrung, die er in seiner Kindheit gemacht hat, kommt auch den beiden Söhnen zugute. Die Firma ist Teil der Familie, die Familie Teil der Firma. Marion Hübenthal ist zwar Kommanditistin, aber nicht ins operative Geschäft eingebunden. Dafür unterstützt sie ihren Mann, hält ihm den Rücken frei und kümmert sich um das Wohlergehen der Familie. Ausgleich und Erholung finden die Hübenthals unter anderem auf Norderney, von wo aus sie mit dem Motorboot in See stechen, und anderen Reisezielen. Zwar hält Stephan C. Hübenthal regelmäßig Kontakt in die Firma, aber er weiß sie in guten Händen: 1988 tritt sein jüngerer Bruder Christoph als technischer Leiter ins Familienunternehmen ein. Und der Vater ist ebenfalls täglich da, um nach dem Rechten zu sehen.
1995 übernimmt Stephan C. Hübenthal als geschäftsführender Gesellschafter die Leitung des Gesamtunternehmens und den Schreibtisch seines Vaters. Seitdem ar-

Generationen-Duell am Kickertisch: Sohn Daniel leitet den Vertrieb und das Marketing des Unternehmens.

beitet er mit Erfolg und Leidenschaft an der stetigen Erweiterung. 1997 kommt ein zweiter Standort hinzu, 1999 ein vollautomatisches Hochregallager für 1800 Paletten, das längst nicht mehr ausreicht. 2003 kommt ein dritter Standort im Tal dazu. „Alles innerhalb von fünf Kilometern", sagt der Unternehmer.

Heute fertigt die Carl Hübenthal KG mit 25 Mitarbeitern auf vollautomatischen Produktionslinien Pflege- und Reinigungstücher in gefalteter und perforierter Rollenform für die Industrie, Gastronomie, Hotellerie, Gebäudereiniger sowie das Gesundheitswesen.

Trotz der rasanten Entwicklung nimmt sich die Familie Zeit für sich. „Mittags gehen wir nicht heim, um zu essen, sondern essen hier zusammen", sagt Stephan C. Hübenthal und deutet auf sein Büro. Anschließend spazieren die Brüder Daniel und Alexander, die längst Führungspositionen eingenommen haben, mit ihrem Onkel Christoph und ihrem Vater ins Büro von Daniel. An der rückwärtigen Wand steht ein Kickertisch, und dann geht es in immer wechselnden Zweierteams gegeneinander. 15 bis 20 Minuten rollt der Ball. „Das macht Spaß und entspannt", sagt Stephan C. Hübenthal. „Danach geht jeder von uns wieder gut gelaunt und zufrieden an seinen Schreibtisch."

Unterstützt wird die Zufriedenheit am eigenen Schreibtisch durch die Umgebung, die der Familienmensch geschaffen hat. Um ihn herum hängen großformatige Bilder, die seine Frau gemalt hat, und links von ihm steht eine Glasvitrine mit Automodellen. Darin sind so unterschiedliche Typen wie ein gelber VW Kübel, ein rot-weißer Mini Morris aus den 1960ern, ein schwarzes G-Modell von Mercedes Benz sowie ein Porsche. „Alles Autos, die ich mal gefahren bin", sagt der Sauerländer. Den Kübel steuerte er in North Carolina, der Mini war eines seiner ersten Autos in Deutschland. Die Idee dazu hatten seine Söhne. Seitdem machen sie sich auf die Suche, um das exakte Replikat zu finden. Als kleiner Clou haben die kleinen Autos auch das Nummernschild mit der Zahl- und Buchstabenkombination. „Die geben sich da schon richtig Mühe", sagt Stephan C. Hübenthal. Wenn es nach ihm geht, wird er diesen Blick noch lange genießen. „Vielleicht aber irgendwann nur noch an vier Tagen in der Woche..."

Manfred Joachim (Gustav Koch GmbH) freut sich über seinen Ruhestand und die 100-Jahr-Feier 2018.

Urgesteine der Reinigungsbranche: Manfred Joachim

„Dem Nachfolger von Anfang an Freiraum gewähren"

„Ich hätte nicht gedacht, dass ich so gut loslassen kann", sagt Manfred Joachim. Seit 2010 hat er sich aus dem operativen Geschäft verabschiedet. Die Entscheidungen bei der Gustav Koch GmbH & Co. KG in Kerpen trifft längst Bruno Joachim. „Ich habe zwar noch einen Schlüssel für das Gebäude, ein eigenes Büro aber schon lange nicht mehr", verrät er im Gespräch mit Reinigungs Markt-Herausgeber Reinhard Knittler und -Korrespondent Patrick Merck.

Da wo er einst saß, sitzt nun sein Sohn – alleinverantwortlich. „Man muss der nächsten Generation einfach den Freiraum lassen, nicht ständig mitreden wollen.“ Das habe er von seinem Vater übernommen, sagt Manfred Joachim und davon profitiert.

Geboren wird er am 14. Oktober 1941 in Witten an der Ruhr. Joachim ist das zweite Kind von Hertha und Eduard Joachim, dem Verkaufsdirektor der Warta-Werke. Das Unternehmen produziert und vertreibt Seife sowie Waschmittel. Das Ende des Kriegs und die Jahre danach verleben sein Bruder, seine Mutter und Manfred Joachim bei einer Tante in Beckum. Da Seife und Waschmittel als kriegswichtig eingestuft werden, bleibt dem Vater der Dienst an der Waffe erspart; allerdings muss er in Witten bleiben.

Nach dem Krieg, die Familie ist wieder in Witten vereint, besucht Manfred Joachim die örtliche Schule und erhält Klavierunterricht. Sein Vater bringt dafür wenig Verständnis auf, seine Mutter schon. „Dafür bin ich ihr heute noch dankbar“, sagt der passionierte Klavierspieler. Bach, Beethoven, Brahms und Mozart spielt er am liebsten. „Die ganz klassische Klassik“, erläutert er mit einem Lächeln.

Während der Junior an der Volksschule büffelt, ändert sich die berufliche Perspektive seines Vaters. Und damit auch die des Sohnes: Zu den Kunden, die der Verkaufsdirektor der Warta-Werke besucht, gehört auch der kleine Waschmittelvertrieb von Gustav Koch in Köln. Als dessen Gründer und Namensgeber 1950 stirbt, gibt es keinen echten Erben. Die Firma geht an die sieben Mitarbeiter. Doch die haben, das findet Eduard Joachim in persönlichen Gesprächen heraus, kein Interesse daran, sie weiterzuführen. Sie möchten den Betrieb am liebsten verkaufen. Und er ist interessiert.

„Mein Vater war zwar als Verkaufsdirektor verantwortlich für mehr als 200 Außendienstmitarbeiter, aber er wollte immer selbständig sein.“ Und so greift er zu und übernimmt das 1918 gegründete Unternehmen zum Jahresanfang 1951. Ein knappes Jahr später zieht die Familie von Witten nach Köln.

Dort besucht Manfred Joachim die Höhere Handelsschule, macht das Abitur und beginnt eine Lehre bei der Commerzbank. Da aus dem Angestellten Eduard Joachim nun ein Unternehmer geworden ist, muss die Familie mit anpacken. Weil der ältere Bruder aber keinerlei Anstalten macht, sich für das Unternehmen zu begeistern und eine wissenschaftliche Karriere anstrebt, wird der jüngere vom Vater mehr und mehr in die Pflicht genommen. „Er hat mich ein bisschen in die kaufmännische Richtung geführt.“ Dabei stand dem jungen Mann mehr der Sinn nach einer musikalischen Laufbahn. „Musiklehrer oder vielleicht sogar Pianist“, das hätte ihm besser gefallen. Doch der sanfte Druck des Vaters zeigt Wirkung.

Auf die Lehre folgen einige Semester an der Universität zu Köln, wo Manfred Joachim Seminare und Vorlesungen zur Betriebswirtschaftslehre mitnimmt, sich aber gegen ein Studium entscheidet. Zu sehr ist er mittlerweile vom Vater in dessen Geschäft eingebunden. So nimmt ihn Eduard Joachim mit zu den Sitzungen des von ihm mitgegründeten ErDeWe, der Rationalisierungsgemeinschaft der Wäschereien. Dort bringt sich Manfred Joachim ein und stößt unter anderem Betriebsvergleiche an. „Das ist heute alltäglich", macht er deutlich. Damals – Anfang der 1960er-Jahre – war es ein Meilenstein.

Die Kontakte innerhalb der ErDeWe nutzt Manfred Joachim für Praktika in anderen Unternehmen, unter anderem bei Helmut Uhlenwinkel in Bremen. Mit der Rückkehr in den väterlichen Betrieb erhält er seine erste große Aufgabe: Er soll in Essen und Düsseldorf Filialen gründen. „Das war fast zu viel", gibt er heute zu. Doch es gelingt ihm. Fortan verfügt die Gustav Koch GmbH und Co. KG über drei Standorte. Vertrieben wird weiterhin ausschließlich Waschmittel, Abnehmer sind Wäschereien sowie Krankenhäuser.

Ein Fingerzeig des Vaters macht ihn auf ein Angebot der Carl-Duisberg-Gesellschaft aufmerksam: ein Stipendium. Manfred Joachim bewirbt sich, macht den Test und schafft es. Er darf zwei Jahre an der privaten Trinity-University in San Antonio studieren. Ein Glücksfall. „Die USA waren damals unendlich weit weg", erinnert er sich – und bietet traumhafte Bedingungen. Auf 2000 Studierende kommen 200 Lehrkräfte. Es gibt ein Klavierzimmer, das ihm jederzeit offensteht. Und er lernt Christiane kennen. Die angehende Lehrerin aus Heidenheim, die auch über ein Stipendium nach Texas gekommen ist, und der angehende Unternehmer werden ein Paar. Zurück in Deutschland heiraten sie.

Doch das Private wird dominiert vom Beruflichen. Zuerst muss er sich um den Verkauf der Dependance in Düsseldorf, die er selber gegründet hatte, kümmern: Sie rentiert sich nicht. Dann übernimmt er die Filiale in Essen, weil der Vater Angst vor Kompetenzgerangel im Stammhaus hat. „Er wollte nicht, dass wir uns gegenseitig auf den Keks gehen", formuliert es der Sohn. 1970 ist das.

1971 ist Manfred Joachim wieder in Köln, sein Vater holt ihn zurück. Es gibt einen neuen Auftrag. Der lautet: Finde einen neuen Firmenstandort! Keine leichte Sache für den 30-Jährigen.

Das Areal in der Südstadt, wo Gustav Koch beheimatet ist, reicht längst nicht mehr. Knapp 1000 Quadratmeter Lagerfläche auf zwei Etagen plus rund 150 Quadratmeter Verwaltung sind zu wenig für das wachsende Geschäft. Doch in Köln gibt es keine bezahlbaren Möglichkeiten. Die Hausbank schlägt Kerpen vor: nahe der Autobahn gelegen und vor allem preisgünstig.

Manfred und Bruno Joachim (Gustav Koch GmbH)

„Zehn D-Mark pro Quadratmeter", murmelt Manfred Joachim immer noch ungläubig. 8000 Quadratmeter werden gekauft.

1972 wird der Bau begonnen, ein Jahr später umgezogen. Das Lager hat eine Grundfläche von 2400 Quadratmetern, dazu gibt es reichlich Platz für Büros. Während der Bauphase bastelt Manfred Joachim noch an anderer Stelle. Der ErDeWe hat keine Bedeutung mehr, da sich die Branche gewandelt hat. Viele Mitglieder wollen aber weiter zusammenarbeiten, um als Gruppe stärker zu sein. 1972 ist die Geburtsstunde der Igefa, Manfred Joachim einer der Geburtshelfer.
Die vielen beruflichen Verpflichtungen hinterlassen ihre Spuren: Ende der 1970er-Jahre gehen Christiane und Manfred Joachim getrennte Wege. 1978 folgt die Scheidung, im gleichen Jahr stirbt seine Mutter. Ihr Herzinfarkt macht den Vater über Nacht zum Witwer. „Das hat ihn sehr getroffen."

Auch beruflich wird es rauer: In der Igefa kommt es zu Kontroversen. „Ich hatte mit dem Führungsstil so meine Probleme", sagt Manfred Joachim rückblickend und mit gedämpfter Stimme. Er mag nicht einfach hinnehmen, was am grünen Tisch und ohne die Zustimmung der Partner beschlossen wird. Doch seine Kritik kommt nicht an. Zehn Jahre nach der Gründung organisiert er zum Geburtstag eine Reise in die USA, 1983 tritt er aus. Er sammelt sich kurz, sagt dann: „Das ist mir nicht leicht gefallen." Weil mit Koch ein Händler im Vertriebsnetz der Igefa wegfällt, wird sein Vertriebsgebiet für die verbliebenen Mitglieder zum Akquisegebiet. Es wird fair, aber mit harten Bandagen gekämpft. Manfred Joachim sucht nach einem Alleinstellungsmerkmal, um sich besser zu positionieren. Gemeinsam mit Franz Unkel, damals Prokurist bei Koch, wird die Eigenmarke „Bon" entwickelt. „Das war unsere Rettung", sagt der Firmeninhaber heute.

Auch privat geht es zu diesem Zeitpunkt längst wieder aufwärts. Er hat mit Marianne eine neue Partnerin gefunden, die ihm Kraft spendet. 1980 heiraten sie; ihr Sohn Bruno wird Teil der neuen Familie.

Eduard Joachim zieht sich derweil immer stärker aus dem Geschäftsleben zurück, überlässt seinem Sohn die Regie. 1984, mit dem Tod des Vaters, ist Manfred Joachim alleiniger Gesellschafter. Es folgen turbulente Jahre: Mitte der 1980er gründet er auf Anregung von Franz Unkel die Purgatis als Vertriebsorganisation für alle Bon-Produkte und erschließt sich damit einen neuen Geschäftszweig sowie ein Wirkungsgebiet weit über Nordrhein-Westfalen hinaus.

Eher kurz verläuft das Engagement Joachims in den neuen Bundesländern. Die von ihm 1993 mitgegründete Proka beendet 2005 ihre Geschäftstätigkeit, „der Konkurrenzkampf war einfach zu groß", sagt er ohne Groll. Übrig geblieben sind einige Großkunden, die heute von Kerpen aus und über ein Zwischenlager in Jena bedient werden.

Seine Energie hat er da schon längst in ein neues Projekt gesteckt: Nachdem 2003 die Purgatis an die Firma Budich veräußert wird und Franz Unkel bei der Kleen Purgatis als Geschäftsführer anfängt, hebt er 2004 gemeinsam mit Walter Hammel und Walter Hasenkampf die RSP aus der Taufe. Die positiven Erfahrungen, die Manfred Joachim mit der ErDeWe und der Igefa gesammelt hat, will er mit gleichgesinnten Kollegen weiterführen. Das gelingt. Mittlerweile hat der Verbund bundesweit neun inhabergeführte Mitgliedsunternehmen.

2009 beginnt er damit, das Feld in der Firma zu räumen. Bruno Joachim tritt ins Unternehmen ein, übernimmt dort Verantwortung. Ein halbes Jahr später sitzt der Diplom-Kaufmann am Schreibtisch seines Vaters. Der hat sich für

(v.li. im Gespräch): Korrespondent Patrick Merck, Gustav Koch GmbH Inhaber Manfred Joachim und Reinigungs Markt-Herausgeber Reinhard Knittler

die Übergangszeit einen Arbeitsplatz im Vorzimmer eingerichtet, räumt diesen aber wenig später. „Ich brauche kein Büro für mich."

Manfred Joachim hat jetzt mehr Zeit für seine Frau und gemeinsame Unternehmungen. Außerdem darf er die Aktivitäten vertiefen, für die es in den vergangenen Jahren keinen Platz gab – sowohl räumlich als auch zeitlich. Da gibt es unter anderen den Flügel im Wohnzimmer, die Zeitungsabonnements, die gut gefüllten Bücherregale und die moderne Kunst an den Wänden. Die Gustav Koch GmbH spielt keine Rolle mehr. Fast jedenfalls: „Ich habe nur einen Wunsch", sagt er, wenn es um die Firma geht: „Die 100-Jahr-Feier in vier Jahren mitfeiern!"

Urgesteine der Reinigungsbranche: Friedrich Kenter

„Man muss Prioritäten setzen“

Einen Schreibtisch oder gar ein Büro hat Frieder Kenter in „seinem“ Betrieb nicht. Er ist ein Gast, allerdings ein gerngesehener. Vor 19 Jahren hat der Firmengründer die Geschäfte an seinen Sohn Rainer übergeben. Die Entscheidung haben sie gemeinsam – und doch jeder für sich – getroffen, berichtet Frieder Kenter im Gespräch mit Reinigungs Markt Chefredakteur und Herausgeber Reinhard Knittler sowie Reinigungs Markt-Korrespondent Patrick Merck. Das Treffen findet daher im großzügigen Besucherraum der Kenter Bodenreinigungsmaschinen Vertriebs- und Service GmbH in Leipheim statt.

„Anderthalb Jahre haben wir uns gemeinsam auf diesen Tag vorbereitet." So lange arbeiteten Vater und Sohn unter einem Dach. Dann ging es um Antworten: Kann der Ältere loslassen, und hat er Vertrauen in das Geschick des Jüngeren. Ist der Jüngere bereit, die Herausforderungen an- und Verantwortung zu übernehmen. Beide antworten mit Ja, erinnert sich Frieder Kenter. „Am nächsten Tag habe ich meinen Schreibtisch geräumt und bin gegangen." Das war 1998.

Frieder Kenter kann diesen Schritt machen, weil er sein Ziel erreicht hat. Ein Ziel, das sich in seiner Jugend manifestiert hat. Es hat viel mit wirtschaftlicher Sicherheit zu tun. Geboren in Augsburg am 15. Juni 1938, gut ein Jahr vor dem Beginn des Zweiten Weltkriegs, wächst er als zweitjüngstes Kind mit vier Geschwistern auf. Sein Vater, ein Bankangestellter, wird schon bald eingezogen und sitzt nach Kriegsende in Gefangenschaft. Die wirtschaftliche Lage ist angespannt. Große Sprünge sind nicht drin. Mehr noch. Der junge Frieder lernt, dass Flexibilität und Leistungsbereitschaft wichtige Pfeiler für ein Auskommen sind: Denn als der Vater 1946 zurückkehrt, dauert es nicht nur seine Zeit, bis der wieder eine Anstellung erhält, sondern es ist auch ein Ortswechsel nötig. Im 90 Kilometer entfernten Wassertrüdingen übernimmt der Vater den Aufbau einer Filiale.
Auf die Volksschule folgt ein Jahr auf der Mittelschule als Frieder Kenter beschließt, eine Landwirtschaftslehre zu beginnen. In den Ferien hat er dort bereits ausgeholfen – vor allem gegen Lebensmittel. Mit 14 Jahren beginnt er die, stellt aber schnell fest, dass die Landwirtschaft auf lange Sicht nicht seins ist. „Frieder, das mit dem Bauernhof, ist doch nicht das Wahre", zitiert er sich und lächelt. Nach dem Abschluss der Lehre versucht er sein Glück ein weiteres Mal: Mit 18 Jahren beginnt er eine Ausbildung zum Bauschlosser, an deren Ende 1960 der Wehrdienst wartet.
Die Zeit in der Kaserne nutzt Friedrich Kenter, um seine berufliche Zukunft zu planen. Da er ein Faible für Autos hat, versucht er eine Anstellung als Autoverkäufer zu bekommen – und es gelingt. Beim heimischen Opel-Händler steigt er als Juniorverkäufer ein. Seine Aufgabe besteht darin, durch Recherche in den umliegenden Orten nach potenziellen Kunden zu suchen, die der Seniorverkäufer dann gezielt anspricht. Als der Seniorverkäufer aufgrund einer Krankheit ausfällt, darf Kenter selber aktiv werden. Mit Erfolg. Doch mit dessen Rückkehr steigt er wieder zum Juniorverkäufer ab. Er kündigt und wechselt zu Konkurrenz.

„An meinem ersten Arbeitstag bei VW habe ich drei Autos verkauft." Mit einem Strahlen im Gesicht erzählt er den dahinterliegenden Plan. „Vorher bin ich zur örtlichen Bankfiliale gegangen und habe dem Filialleiter gesagt, dass wir, sofern er einverstanden ist, gute Geschäftsbeziehungen aufbauen können." Kenter lässt sich dann Kreditrahmen und -berechnungen erklären, verhandelt Konditionen. „Damals gab es das nicht, dass man ein Auto finanziert." Der Rest war im Prinzip einfach. Er suchte nach den Häusern und Wohnungen höherer Angestellter, klingelte und spielte ein bisschen mit deren Eitelkeit. „Sie fahren noch mit dem Fahrrad zu Arbeit? Dabei könnten sie sich ein Auto leisten!" Bei Einwänden nutzte er sein Wissen um sichere Bankkredite und überzeugte so den ein oder anderen. Um nach Abschluss der Formalitäten zu fragen: „Haben Sie einen Kollegen, der auch Interesse an einem Auto hätte?" Im ersten Monat verkauft er so 24 Neuwagen.

1965 hält zum beruflichen Glück auch das private Glück Einzug in Frieder Kenters Leben. Auf dem Tütenball, einer Faschingsveranstaltung in Augsburg, lernt er Genovefa kennen. Noch im gleichen Jahr heiraten die beiden und beziehen in der Fuggerstadt eine Wohnung. Anfangs führt Genovefa – mit Unterstützung ihrer Eltern – einen Lebensmittelladen in Wattenweiler. Das Wochenende verbringen sie in der Stadt, unter der Woche besucht er sie. „Wir waren selten länger als eine Nacht getrennt", schaut er zurück und nimmt einen Schluck Kaffee.

Sein Erfolg als Verkäufer eilt ihm voraus. Vier Jahre nach dem Einstieg bei VW wird er abgeworben, verkauft dann Jaguar, Leyland und Alfa Romeo. Später sind es BMW und Ford. Sein Einkommen ist sicher und steigt stetig – reicht irgendwann an die 4000-DM-Grenze. Auch die Familie ist größer. Im Frühjahr 1966 kommt Sohn Rainer zur Welt, gut zwei Jahre später Carolin.

„Meine Frau war und ist bodenständig", sagt Frieder Kenter und setzt seine Kaffeetasse ab. Sie sorgt dafür, dass das Einkommen sinnvoll angelegt wird. „Ich hätte mir schon gern einen Porsche gekauft", gibt er zu. Das dürfe er auch, allerdings erst, wenn Haus und Hof bestellt seien, macht ihm seine Frau unmissverständlich klar. „Und das habe ich gebraucht", sagt er mit Dankbarkeit in der Stimme.

Doch trotz allem Erfolg macht sich Unzufriedenheit breit. Als Verkäufer empfindet er seinen Gestaltungsspielraum zu klein. 1973 liest er eine Annonce in der ein „Verkäufer, der auch überzeugend beraten kann," für Reinigungsmaschinen gesucht wird. Seine Bewerbung geht am 10. April 1973 raus, wenig später sitzt er auf Einladung der Novimex, die unter anderem Wetrok vertreibt, in Düsseldorf – und übernimmt den Job. Bereits im ersten Kalenderjahr gehört Friedrich Kenter zu den besten Außendienstmitarbeitern und wird belobigt. „Den silbernen Parker-Kugelschreiber, den ich als Auszeichnung erhalten habe, besitze ich sogar noch", sagt, um dann mit leicht mit den Schultern zu zucken. Denn was so gut begann, endet nach nicht einmal drei Jahren mit einem Zerwürfnis. „Der mangelhafte Service war der Knackpunkt", gibt Kenter an. Der nächste Techniker war in München und brauchte bei Reparaturen eine Vorlaufzeit von einer Woche. „Das funktioniert aber nicht, wenn Gebäudereiniger zu den Kunden zählen." Kenter ärgert sich massiv, hat aber eine Idee: „Ich mache mich selbstständig, vertreibe die Maschinen der Novimex exklusiv und übernehme Wartungs- und Reparaturaufträge." Düsseldorf lehnt ab, Friedrich Kenter kündigt im Oktober 1975. Nur einen Monat später wird seine Idee Realität, nicht mit Wetrok, sondern mit Advance. Die suchen einen Importeur, und Frieder Kenter macht's, obwohl seine Sprachkenntnisse lausig sind und die Korrespondenz komplett auf Englisch abläuft. Damit die Maschinen in Deutschland überhaupt funktionieren, stellt er einen Rentner ein, dessen Job es ist, die Stecker auszutauschen. Frieder Kenter übernimmt den Vertrieb und macht das, was er am besten kann: Potenzielle Kunden finden. Seine Frau wird die rechte Hand und übernimmt Buchhaltung sowie das Telefon. „Damals haben wir in Günzburg gewohnt, und alles hat in der großen Garage seinen Anfang genommen", lehnt sich Frieder Kenter kurz im Stuhl zurück. Dann beugt er sich wieder vor: „Nach einem Jahr haben wir dann einen Laden gemietet, und nach gut anderthalb Jahren eine ehemalige Wagnerei." Weitere drei Jahre später muss er das erste Mal bauen, weil der Platz nicht ausreicht. Der Erfolg hängt mit einer strategischen Partnerschaft zusammen, die auch heute noch besteht: 1979 wird das Unternehmen Generalimporteur von Comac. Außerdem hilft ihm sein

Erinnerungen werden beim Betrachten der Fotos wach. Rainer Kenter (rechts) und sein Vater haben anderthalb Jahre zusammengearbeitet, bevor der Generationswechsel 1998 vollzogen wurde.

Ideenreichtum. „Wir waren eins der ersten Unternehmen der Branche, die ein Fax-Gerät hatten und wir waren mit Sicherheit das erste, das seine Techniker mit Funktelefonen ausgerüstet hat." Die schnellere Kommunikation hat oft für einen Vorteil gesorgt. „Innovationstaktgeber ist nicht umsonst Teil unserer Philosophie", sagt Rainer Kenter, der mittlerweile zur Gesprächsrunde hinzugestoßen ist.
Trotz des Wachstums und der großen Leistungsbereitschaft geht die Familie für Frieder Kenter vor. Gemeinsame Reisen sind ihm wichtig. Dazu baut er einen Mitarbeiter gezielt auf und lässt diesen in seiner Abwesenheit auch Entscheidungen fällen. Das Vertrauen in Joachim Jaitner sorgt dafür, dass die Familie auch mal drei Wochen Urlaub macht. Selbst während der Woche schafft sich Frieder Kenter hie und da mal Freiräume, um mit den Kindern etwas zu unternehmen. Seine Maxime: Hart Arbeiten, 20 Jahre nach der Gründung, das Unternehmen zählt knapp 30 Mitarbeiter und hat erneut ein größeres Gebäude bezogen, vollzieht sich der Generationswechsel. Rainer Kenter, 31 Jahre alter Wirtschaftsingenieur mit Auslandserfahrung, hat zwei Optionen. „Ich hatte die Idee, mit einem Freund zusammen einen Kinderbuchverlag zu gründen. Oder eben die Firma meines Vaters zu übernehmen." Und dann kommt es zur 18-monatigen Zusammenarbeit, an deren Ende Frieder Kenter zum Privatier wird. Heute hat die Firmengruppe, zu der mehrere Unternehmen gehören, mehr als 110 Mitarbeiter. Für die Zeit danach stehen Pläne mit seiner Genovefa an. Doch weder in Florida noch in Spanien wollen sie ihren Lebensabend verbringen, stellen sie gemeinsam fest. Das gute Wetter und Ausflüge mit dem Motorrad machen nicht glücklich. Sie haben Heimweh. Und so ziehen die beiden endgültig wieder nach Leipheim, wo ein großer Teil der Familie lebt und Freundschaften existieren. Dreimal in der Woche steht Frieder Kenter in der Küche und kocht. Seine Frau arbeitet ehrenamtlich in einem Flohmarktladen des SKM Günzburg – Katholischer Verband für soziale Dienste. Und dann sind da ja noch die drei Enkel...

Urgesteine der Reinigungsbranche: Heinrich Kern

Vom Skeptiker zum erfolgreichen Überzeugungstäter

Als Heinrich Kern 1991 sein zweites berufliches Leben in der Reinigungsbranche beginnt, ist er von ihr nicht wirklich überzeugt. „Die Skepsis war groß“, gibt er an seinem letzten Arbeitstag als Leiter der internationalen Vertriebsabteilung von Vermop zu. Im Gespräch mit Reinigungs Markt-Korrespondent Patrick Merck blickt er noch einmal zurück.

1951 kommt Heinrich Alfons Maria Kern im hessischen Gelnhausen auf die Welt. Er ist das erste Kind von Elfriede und Gottfried Kern, einem Drogisten. Drei Geschwister werden folgen. Seine Erziehung: christlich-katholisch und streng. Dafür sorgen die Mutter und vor allem die Oma in Freigericht, die auch im Haushalt lebte. Der Vater kam erst sehr spät aus der Gefangenschaft zurück und musste sich eine neue berufliche Existenz aufbauen. Für die Familie steht außerdem auch schon früh fest, welchen beruflichen Weg der älteste Sohn einzuschlagen hat.

In dieser Zeit passiert allerdings noch mehr. Der junge Heinrich lernt die gleichaltrige Gisela kennen. Mit ihr kann er sich vorstellen alt zu werden. Und aus der Vorstellung wird ein Plan: Nachdem sie im Oktober 1973 geheiratet hatten, beginnt er mit 23 Jahren ein Haus zu bauen. Heinrich Kern ist zielstrebig, wenn er sich für etwas entschieden hat, arbeitet er hartnäckig und ausdauernd daran, dieses Ziel zu erreichen. Das gilt auch für seine Ausbildung. Obwohl er Radio- und Fernsehtechniker werden möchte, entscheidet er sich für eine Lehre als Industriekaufmann bei Heraeus in Hanau. Der Grund: Er macht einen Test beim Arbeitsamt. „Die Argumente sprachen dafür“, erläutert er rückblickend. Es sind nicht nur die Ergebnisse des Tests, sondern auch die Möglichkeiten des Unternehmens. „Interne Schulungen zu Handelskorrespondenz, Fremdsprachen, Elektrotechnik und Messen, sowie Führungskräftetrainings – das war mein Werkzeug.“ Zusätzlich nimmt er 1972 mit Unterstützung von Heraeus ein Abendstudium an der Akademie für Welthandel auf. „An zwei oder drei Abenden pro Woche fuhr ich dann nach der Arbeit nach Frankfurt.“ Schluss war bei Heraeus um 17 Uhr, der Unterricht begann eine Stunde später, dauerte bis 22 Uhr. Er beißt sich durch. 1975 schließt er das Studium als Diplom-Kaufmann (AfW) ab.

1974, noch vor dem Abschluss des Studiums, übernimmt er zum ersten Mal eine verantwortliche Position: Er wird Gruppenleiter Osteuropa. Es ist die erste von vielen Sprossen der Karriereleiter, die er bei Heraeus nehmen wird: Er wird Gebietsverkaufsleiter für Südeuropa, später Handlungsbevollmächtigter. Heinrich Kern ist fast durchweg auf Reisen. Seine Frau sieht er nur an manchen Abenden in der Woche sowie an den Wochenenden – falls er nicht mit seinen Bandkollegen einen Auftritt hat. Denn das Musikmachen hat der Beatles-Fan dann doch nicht ganz aufgegeben. 1991, seine Reisetätigkeit nimmt weit über 60 Prozent seiner Arbeitszeit ein, plant Heraeus die Marketingabteilung, zu der seine Position als internationaler Salesmanager zählt, nach Belgien zu verlegen. „Das kam für mich nicht in Frage“, sagt Heinrich Kern gut 23 Jahre später. „Wenn ich schon so selten zu Hause bin, dann will ich nicht noch zur Arbeitsstelle per Flugzeug pendeln.“ Konsequenterweise geht er nicht mit, sondern zieht einen Schlussstrich nach 23 Jahren Betriebszugehörigkeit. Er entscheidet sich für die Selbstständigkeit, will sein Glück als Berater versuchen. Seine Frau stärkt ihm den Rücken, unterstützt seine berufliche Karriere. Sie hat zu Hause die Fäden in der Hand, kümmert sich um die Familie. Zu der gehören da der 1977 geborene André und seine drei Jahre jüngere Schwester Nadine. Heinrich Kern gründet seine IMC, kurz für International Marketing & Sales Consultant, lässt sich bei der IHK registrieren und erhält schon kurz darauf einen Anruf aus Wertheim. Das dort ansässige Unternehmen Vermop möchte seinen Exportanteil vergrößern und sucht nach externem Know-how. Er informiert sich und schickt eine kleine Abhandlung. Die Antwort überrascht ihn: Vermop bietet ihm direkt eine Stelle. Und er greift zu.

„Ich war gerade einmal vier Wochen Freiberufler", erinnert er sich. Und er weiß auch, warum er die Stelle erhalten hat: „Die wussten, was ich kann." Dazu gehört es, potenzielle Märkte zu erkennen, diese erst auf- und dann auszubauen. Für Vermop im Prinzip Neuland. „Der Exportanteil lag damals bei vielleicht drei oder vier Prozent." Der internationale Vertrieb war eine Zweipersonenabteilung, „und ein Marketing gab es in diesem Sinn gar nicht". 1991 nimmt Heinrich Kern seine Arbeit bei Vermop auf. Das kleine Auslandsgeschäft konzentriert sich auf wenige Kunden in den Niederlanden, der Schweiz, Frankreich und Norwegen.
Einerseits gleicht diese Ausgangsstellung einem Eldorado für den Vertriebsspezialisten, andererseits hat er Schwierigkeiten, sich an die neue Branche zu gewöhnen. Bei Heraeus als Hochtechnologieunternehmen, das sensible Bauteile und Sensoren unter anderem für die Nuklearindustrie liefert, ging es um wenige Aufträge im Millionen-DM-Bereich. Business-Anzug und Kenntnisse in der Mikroelektronik waren wichtig. Bei Vermop geht es um Stückzahlen, beim Gebäudereiniger, um Handfestes. Heraeus hatte 10.000 Mitarbeiter, Vermop hat etwa 300. Hier Krawatte, da Reinigungsoutfit für die praktische Demo. Heinrich Kern schüttelt den Kopf sachte. „Der Anfang war schwierig für mich", sagt er. Statt Hightech jetzt Putzlumpen, frotzelten die Freunde. Ehemalige Kollegen waren deutlicher: „Da war schon einiges an Schmäh oder auch derbe Sprüche, die ich mir anhören musste." Es war einfach alles anders. Sein Wirken als Vertriebsspezialist kommt Vermop rasch zugute. Heinrich Kern geht seine Aufgabe strategisch an, besucht Messen, baut selbst mit seinen zwei Mitarbeiterinnen die Stände mit auf, knüpft Kontakte und langsam auch ein Vertriebsnetz. Doch das geschieht mehr oder weniger aus dem Kopf, der Bauch ist noch nicht dabei. 1994 nahm er sich mit Wissen und Unterstützung der Geschäftsführung eine Auszeit für drei Monate und macht in Bayern und Hamburg eine Art praktische Kurzausbildung zum Gebäudereiniger. Später unterstützte ihn Vermop bei der Ausbildung zum Hygieniker und finanzierte auch die Ausbildung zum staatlich geprüften Desinfektor in Dresden.

„Ich wusste, dass ein theoretischer Ansatz allein nicht reicht, um der Aufgabe gerecht zu werden." Die drei Monate, in denen er lernt mit Mopp und Reinigungsgeräten umzugehen, Reinigungschemie einzusetzen und das Zusammenarbeiten in einem Objekt erfährt, öffnen ihm die Augen. „Das musste ich einfach erfahren", ist er sich heute bewusst. Es ist vor allem die Vielseitigkeit, die ihn fasziniert. Die betrifft sowohl die verschiedenen Aufgaben als auch die unterschiedlichen Herangehensweisen, die er im Lauf seiner Karriere erfährt. „Jedes Land, jede Kultur hat einen eigenen Ansatz, Dinge zu erledigen. Das gilt auch für die Reinigungsbranche." Heinrich Kern ist mehr als nur der Auslandsbeauftragte von Vermop, er nimmt Einfluss auf die Produktentwicklung. Er weiß, dass das Produkt dem Käufer gefallen und den Reinigungstraditionen entsprechen muss, nicht umgekehrt. Auf diese Weise baut er den Exportanteil nicht nur stetig aus, sondern trägt auch dazu bei, das Sortiment zu erweitern. Polen, Italien, Ungarn, Spanien, Portugal, Russland, Südafrika, Singapur, VAE, Saudi Arabien – die Liste der Länder, in denen er aktiv ist, wird lang und länger. Es ist sein Engagement, das die Entwicklung vorantreibt. Er schaut nach Mitarbeitern, nach Standorten, nach Möglichkeiten, verwirklicht den Ausbau. Vermop unterstützt ihn natürlich; besonders profitiert er dabei vom großen Vertrauen, das ihm Firmeninhaber Dirk Salmon entgegenbringt. Etwa 70 Prozent seiner Arbeitszeit verbringt Heinrich Kern im Ausland, den Rest in Deutschland. „Aber nicht in Wertheim." Dort hat er nur ein Behelfsbüro, da er nur selten in der Zentrale ist. Er ist im Prinzip ständig auf Achse, bildet den Nachwuchs aus, gibt Kurse, und wenn er an den Schreibtisch muss, dann steht der in Freigericht, in seinem Haus. „So kann ich die wenige Zeit, die ich habe, mit der Familie verbringen."

Zwar packt ihn auch in der Vermop-Zeit die Lust am Musikmachen, doch Auftritte an den Wochenenden werden seltener. „Ich komme ja auch kaum zum Üben." Stattdessen entspannt er zuhause. Der letzte Arbeitstag bei Vermop ist geprägt von Erinnerungen – viele davon glücklich, aber auf eine besondere Art. „Ich habe auf meinen Reisen nicht nur schöne Erfahrungen sammeln dürfen", sagt er. Beinah-Abstürze, etliche Autodiebstähle und ein Überfall, bei dem er zwar den Angreifer hat vertreiben können, an den ihn aber seine Rückenschmerzen auch Jahre später noch erinnern. Und dann sinkt die Temperatur im Raum um gefühlt vier, fünf Grad: „Als am 24. Januar 2011 dieses Bomben-attentat am Moskauer Flughafen war, bin ich gerade einmal zehn Minuten vorher aus dem Gebäude gegangen." 36 Menschen sterben, 152 werden verletzt – etliche sehr schwer. Er schweigt. Holt Luft. „Ich habe viel Glück gehabt." Und dann ist er wieder im Jetzt. An seinem ersten Arbeitstag für Vermop hatte das Unternehmen – inklusive seiner Position – drei Köpfe im Export. An seinem letzten Arbeitstag sind es circa 70 Menschen, die im Auslandsgeschäft tätig sind. Der Exportanteil liegt aktuell bei knapp unter 50 Prozent, vor 23 Jahren lag er bei unter vier. Dass dies so gekommen ist, liegt an der Mischung, ist sich Heinrich Kern sicher: Natürlich habe er mit seinem Wissen dazu beigetragen dürfen, aber das wäre ohne die Risikobereitschaft und den Innovationsgedanken der Firmenleitung gar nicht zu machen gewesen. Heinrich Kern hat viel erreicht, dennoch muss er weiter lernen. „Ich habe das alltägliche Leben im Prinzip verlernt", gesteht er. „Um alles Normale hat sich meine Frau gekümmert; die Familie, die Freunde, die vielen internationalen Gäste in unserem Haus, um den Einkauf, die Bankgeschäfte, um Haus und Garten." Er freut sich auf sein Zuhause, auf die Zeit mit den erwachsenen Kindern, die zu Besuch kommen werden, den Enkel und auf die Zeit mit seiner Gisela.

Johannes Kiehl feiert 2017 seinen 90. Geburtstag.

Urgesteine der Reinigungsbranche: Johannes Kiehl

„Ein Handschlag, ein ehrliches Miteinander“

Sein Sternzeichen ist der Skorpion. Zu dessen Eigenschaften gehört, dass er Dingen auf den Grund gehen will, ihn reizt alles Unbekannte und Geheimnisvolle. Johannes Kiehl beschreibt sein Lebensmotto so: „Immer frisch und fröhlich drauflos!“ Er war damit erfolgreich, auch wenn er eigentlich andere Pläne hatte.

Großartig gefragt worden ist Johannes Kiehl nicht. Als er benötigt wurde, sagte er zu und stieg 1953 offiziell in die Firma ein, die sein Großvater 1904 ins Leben gerufen hatte. „Das war keine Frage für mich, auch wenn ich einen anderen Weg gehen wollte", sagt er rückblickend. Für ihn, der als Sechsjähriger den Beginn des Zweiten Weltkriegs erlebte, standen nicht die privaten Vorstellungen im Vordergrund. Seine Kindheit und Jugend waren einerseits vom Beginn einer Diktatur, einem unvorstellbaren Krieg und den Wirren der Nachkriegszeit geprägt. Andererseits gab es die Familie und das Unternehmen, das den Lebensunterhalt besorgte und ein Stück weit Lebensinhalt war. Diese Verbundenheit zieht sich wie ein roter Faden durch sein Leben und Wirken. Und sie ist auch heute noch zu spüren.

Johannes Kiehl wurde am 16. November 1932 in München geboren. Dort kam auch sein Vater Hugo auf die Welt, der älteste Sohn des Firmengründers Johannes Karl Kiehl. 1904 war dieser mit seiner Frau Therese, einer Münchenerin, in deren Geburtsstadt gezogen und hatte dort im Sommer 1904 ein Handelsunternehmen für Öle, Wachse und Fette gegründet.

Als Johannes Kiehl auf die Welt kommt, ist aus dem Handelsunternehmen längst ein Unternehmen mit eigenen Produkten, einem eigenen Vertrieb sowie Dienstleistungen geworden. Die junge Firma stellte nicht nur Reinigungs- und Pflegemittel her und verkaufte diese. Sie sorgte darüber hinaus mit eigenen Kräften dafür, dass die Räumlichkeiten der Kunden gereinigt und gepflegt wurden.

Bereits 1927 sorgt das junge Unternehmen für einen Quantensprung in der Reinigung: Johannes Karl Kiehl, gelernter Drogist, erfindet ein nicht-brennbares Fußbodenpflegemittel für Holzböden: die Parkett-Blume. Vor allem in der Schifffahrt erfährt das Produkt ein großes Echo. Die Hapag-Lloyd lässt die Holzböden aller ihrer Passagierschiffe von da an mit dem Mittel der Münchener pflegen.

Ein Traum platzt

Den jungen Johannes Kiehl faszinieren zwar die Tatkraft und das Ideenreichtum von Großvater und Vater, aber eigentlich reizt ihn die Architektur mehr. „Das war meine Traumvorstellung. Es ist halt anders gekommen." Denn zum einen stehen der Krieg und seine Folgen diesem Ansinnen entgegen: Die Produktion wird bereits 1943 durch Luftangriffe komplett zerstört, Johannes Karl Kiehl und sein Sohn fangen bei null an. 1945 übernimmt Hugo Kiehl die Geschäftsleitung. Ein ehemaliger Pferdestall wird zu Firmenzentrale und Labor. Es müssen neue Kunden und Handelsbeziehungen aufgebaut werden. Vor allem müssen die technischen Voraussetzungen für eine Produktion geschaffen werden: Nach dem Krieg eine Sysiphos-Aufgabe.

Der Traum des Schülers Johannes Kiehl von einem Architekturstudium endet noch vor dem Abitur. Wirklich überrascht hatte ihn das nicht. „Mein Weg war durch

meinen Vater vorgezeichnet“, sagt er. Er verlässt die Schule, um Ende 1951 in der Firma mitzuarbeiten und macht sowohl eine Ausbildung zum Gebäudereiniger als auch eine zum Industriekaufmann.
Er ist da angekommen, wo er eigentlich nicht hin wollte. Aber Johannes Kiehl stellt sich dieser Aufgabe, und er stellt sich in den Dienst der Familie: „Mein Vater war aus Kriegsgründen sehr krank und mein Großvater war da 74 Jahre alt.“ Er hält kurz inne. „Da musste ich also ran!“

Aus der Pflicht wird Leidenschaft

Bereut hat der gebürtige Münchener diese Entwicklung nicht, auch wenn es, wie er sagt, eine Pflicht gewesen sei, das Unternehmen des Vaters weiterzuführen. Und er mag es nicht als bloße Pflicht verstanden wissen. „Ich habe das von Anfang an mit Elan und auch Freude gemacht. Ich bin da eingestiegen, und ab da war es meine Arbeit!“ Diese Einstellung war und ist ein Baustein der positiven Entwicklung, die das Unternehmen unter seiner Leitung nahm.

So schwer die Zeiten direkt nach dem Weltkrieg waren, so aufregend und spannend wurden sie in den 1950er-Jahren. Der Wiederaufbau beginnt. Es entstehen Flächen, die zu reinigen und zu pflegen sind. Statt Holz und Linoleum werden immer häufiger PVC-Böden verlegt, die neue Reinigungs- und Pflegemittel erfordern. 1955, drei Jahre nachdem Johannes Kiehl die Geschäftsführung übernommen hat, zeigt sich die große Innovationskraft des Unternehmens: Mit dem „Selbstglanzwachs B 36“ und der „Kiehl Glanzbodenwäsche“ geben die Münchener den Reinigungsfirmen die passenden Mittel für die Reinigung und Pflege der neuen Böden.

Reinigung ist kein langweiliges Geschäft

Der Erfolg dieser zwei Produkte und der Blick zurück nach 1927 sind für Johannes Kiehl ein Beweis dafür, dass ein Unternehmen nur erfolgreich sein kann, wenn es vorausschaut, forscht, entwickelt. Mit der Parkett-Blume als dem ersten nicht auf Terpentinbasis produzierten Bohnerwachs zeigte sein Großvater, dass es sich lohnt, neue Wege zu denken. Und „B 36“ sowie „Glanzbodenwäsche“ machten deutlich, dass es von Vorteil ist, schnell auf neue Herausforderungen zu reagieren. „Reinigung ist kein langweiliges Geschäft“, konstatiert er: „Es kommen immer wieder neue Böden, neue Materialien und damit neue Herausforderungen.“ Als sein Großvater das Unternehmen gründete gab es weder Scheuersaugmaschinen, noch Mikrofasertücher oder PVC-Böden.

Herausforderungen liebt er. „Ich bin zwar kein Chemiker, aber ich habe mich im Lauf der Jahre ich selber fortgebildet, Bücher gelesen und unsere Chemiker gefragt, wenn ich etwas wissen wollte.“ Die Liste der Produkte, an denen er maßgeblich mitgewirkt hat, ist lang, aber vor allem erfolgreich. „Den ersten Alkoholreiniger – das war Mitte der 1960er-Jahre – hat die Firma Kiehl auf den Markt gebracht.“ Jahrelang habe es zu Keradet kein Konkurrenzprodukt gegeben, „bis einer unserer Wettbewerber das dann auch gemacht hat.“ Er klingt ein wenig verwundert, dass es so lange gedauert hat.

In den 1970er-Jahren folgt mit „Sanikal“ bereits die nächste Erfolgsgeschichte. „Das war der erste nicht-säurehaltige Sanitärreiniger auf dem Markt.“ Und es sei heute noch ein „begehrtes Produkt“.

Stillstand ist für ihn kein Zustand

„Ich könnte nicht in einem Betrieb arbeiten, in dem es monoton zugeht und in dem sich nichts rührt.“ Als Sachbearbeiter in einem Amt oder eine Unternehmen mag er sich nicht sehen. „Das wäre weder für mich, noch für meine Kollegen einfach“, sagt er und lacht herzlich.

Stattdessen ist beinah zu jeder Zeit aktiv, um sein Unternehmen voranzubringen. Zwar trennt er bewusst zwischen Geschäft und Zuhause, aber „der Feierabend war oft sehr kurz“, räumt er ein. Lediglich im Urlaub gehört er ausschließlich seiner Frau Irmgard und seit Mitte der 1960er-Jahre auch den beiden Kindern Marina und Johannes Peter. Italien ist das beliebteste Ziel, er nennt es „meine zweite Heimat“. Auch in die Alpen zieht es den Bayern regelmäßig zum Bergwandern und Skifahren. Stillstand ist für ihn keine Option, Bodenständigkeit dagegen wichtig. Er lebt im Haus, das noch seine Großeltern gebaut haben, pflegt die Zugehörigkeit zu den heimischen Vereinen und engagiert sich für soziale Zwecke, ohne das an die große Glocke zu hängen. Auf persönlichen Reichtum legt er keinen Wert. Doch auf moderne Technik verzichtet er nicht. sei es im Geschäftsleben oder im privaten Bereich. Das Unternehmen ist auf den höchsten Stand der Technik ausgerichtet.

Der Handschlag zählt

Die Vergrößerung der Produktion, der dafür notwendige Umzug 1977 nach Odelzhausen, der sukzessive Ausbau des Geschäftsfelds unter anderem in Richtung Autowäsche: all das sind Randerscheinungen. Der Kern ist ein anderer. Er steckt in Johannes Kiehl und seinem Anspruch an sich selbst: „Ich will ein guter Unternehmer sein“, sagt er. Dazu zählen für ihn „absolute Korrektheit im Handeln und Ehrlichkeit“. Das gilt gegenüber den Mitarbeitern, die er fast alle – sowohl gegenüber den eigenen Mitarbeitern als auch gegenüber Geschäftspartnern. Selbst wenn Verträge heute mit reichlich Kleingedrucktem versehen und daher genau zu prüfen sind, Johannes Kiehl sieht sich in der Tradition des ehrlichen Kaufmanns: „Ich würde heute noch den Handschlag bevorzugen.“ Leider, fügt er hinzu, „ist das mittlerweile immer weniger gefragt.“

Hans-Dieter Kottmeyer: Vom Gebäudereiniger zum Steinpapst

„Geht nicht, gibt's nicht“

Harsewinkel nennt sich Mähdrescherstadt. Hier steht die Wiege des Landmaschinenherstellers Claas. Doch es ist auch der Ort, an dem sich Hans-Dieter Kottmeyer vor mehr als 30 Jahren selbstständig machte. Reinigungs Markt-Chefredakteur und -Herausgeber Reinhard Knittler sowie Reinigungs Markt-Korrespondent Patrick Merck besuchten den engagierten Unternehmer in Ostwestfalen-Lippe und erfuhren nicht nur viel über Steine.

Seine Geschichte beginnt mit einem Handabdruck auf einer Schaufensterscheibe im Sommer 1958. Hans-Dieter Kottmeyer ist nach der Schule mit dem Rad in Versmold unterwegs: Schaufenster angucken. Mit den Händen an den Scheiben hangelt er sich weiter. Bis zum Fenster von Optiker Selchert. Dem Inhaber gefällt es gar nicht, dass da so ein lütter Kerl seine Hände auf die Scheibe legt und Spuren hinterlässt. Er stürmt hinaus und stellt den Siebenjährigen gehörig in den Senkel. „Die ist erst gestern geputzt worden!“, platzt es auch ihm heraus. Seine Anweisung: „Mach das gefälligst weg!“ Und der Junge tut wie ihm geheißen war: Er haucht an die Scheibe und poliert den Abdruck weg. Geboren wird Hans-Dieter Kottmeyer als Jüngster von acht Geschwistern in Versmold. Der Vater ist angestellter Tischler. Schon die beiden älteren Brüder interessieren sich wenig für den Beruf des Vaters, auch der Jüngste kann sich dafür nicht begeistern, muss aber mithelfen. Nach der Volksschule folgt der 14-Jährige daher beruflich seinen Brüdern: Beide absolvieren eine Ausbildung zum Gebäudereiniger. „Die hatten immer viel zu erzählen“, erinnert sich Kottmeyer.

Er beginnt eine Lehre bei Walter Rakowski. Drei Jahre verbringt er dort, sammelt Erfahrungen und profitiert von den Kenntnissen und der Art seines Lehrherrn. Nach Abschluss der Ausbildung und mit dem Gesellenbrief in der Tasche verständigt er sich mit seinem Meister, dass er noch bleibt. Und dann trifft er Paula aus dem benachbarten Harsewinkel. „Wir haben 1973 geheiratet.“ Kottmeyer lehnt sich in seinem Stuhl zurück. Das Paar bleibt nicht lang allein: 1974 kommt Jörg zur Welt, drei Jahre darauf Sven. Und es werden Entscheidungen getroffen: Zum einen wechselt der Geselle nach insgesamt sieben Jahren bei Rakowski in den Betrieb seines Bruders, zum anderen beginnt er mit der Meisterschule. „Außerdem haben wir damit begonnen ein Haus zu bauen.“ Für Paula zieht der Versmolder sogar nach Harsewinkel. Er grinst bei der Erinnerung. „Versmold war evangelisch, ich bin evangelisch. Harsewinkel ist katholisch, Paula ist katholisch. So ein Umzug war damals gar nicht so einfach!“ Dann winkt er freundlich ab. „Das waren damals ganz andere Zeiten!“

Die Meisterschule öffnet ihm die Augen. Er spürt, dass die Gebäudereinigung für ihn nicht nur ein Beruf ist, und er fühlt, dass er diesen Weg nicht als Angestellter gehen kann. 1977 schließt er die Meisterprüfung ab und beschließt, gemeinsam mit Paula, im Lauf des darauf folgenden Jahres den Weg in die Selbstständigkeit anzutreten. Die Aufgabenverteilung ist rasch gemacht: Sie kümmert sich um die Söhne, deren Erziehung, den Haushalt und das Büro, er um alles andere: Kundenakquise, Aufträge ausführen und die Strukturen für eine Gebäudereinigung aufzubauen.

Einfach war es nicht, resümiert er. Vor allem die Söhne haben den Vater eher selten wahrgenommen. „Ich war morgens oft vor 5 Uhr im Betrieb und bin abends erst spät nach Hause gekommen." Auch an Urlaub war in den ersten Jahren nicht zu denken. „Ich hatte das Bedürfnis, erst mal was in der Hand zu haben." Es ging – und geht – ihm um Verantwortung. „Gegenüber meiner Familie, den Mitarbeitern und den Kunden." Am 1. Februar 1979 startet die Selbstständigkeit. Sieben Raumpflegerinnen, Paula und er bilden die erste Belegschaft des jungen Unternehmens. Kottmeyer ist ehrgeizig, leidenschaftlich geht er seinen Weg. Bereits im April stellt er den ersten Auszubildenden ein, beteiligt sich an Ausschreibungen großer Objekte. Die Kollegen feixen. Dann erhält er – noch im selben Jahr – den Zuschlag zur Grundreinigung der Stadthalle Gütersloh. Jetzt feixen die Kollegen nicht mehr. Denn Kottmeyer und sein Team machen ihre Sache gut. Was er damals nicht ahnt: Die Stadthalle wird 20 Jahre lang von ihm als Gebäudereiniger betreut. Wer heute das Firmengelände in einem Gewerbegebiet von Harsewinkel ansteuert, findet dort aber nicht nur die Gebäudereinigung, die Hans-Dieter Kottmeyer 1979 gegründet hat. In dem Gebäude, das im Lauf der vergangenen Jahrzehnte immer wieder erweitert und modernisiert wurde, hat auch die MGS ihren Sitz. Eigentlich ist sie die logische Entwicklung aufgrund der Herangehensweise des Ostwestfalen. „Wenn ich etwas mache, dann mache ich es auch richtig", sagt er. Und er ist pragmatisch: „Geht nicht, gibt's nicht!" Hans-Dieter Kottmeyer geht in seinem Beruf, seiner Firma auf, auch wenn es harte Arbeit ist: Er reist durch die Region, spricht potenzielle Kunden an, besucht sie. Oft kommt er nicht einmal am Empfang vorbei. Einen Gebäudereiniger braucht keiner. Er sieht das nicht nur anders, er sieht es tatsächlich. Vor allem Böden aus Naturstein reizen ihn immer mehr. Er sieht wie sie abstumpfen, meist gar nicht oder falsch gepflegt werden. Und er registriert, dass er hier als Gebäudereiniger nicht ernstgenommen wird.

Also gründete er die MGS Oberflächenveredelung, die sich um Natur- und Kunststeinsanierung, die Sanierung und Optimierung von Estrich- und Betonflächen kümmert. Das ist nichts, was nicht auch andere Gebäudereiniger können sollten, aber Kottmeyer wählt einen anderen Weg, um an diese Böden zu gelangen. Und es gelingt ihm. Mit der maschinellen Unterstützung von Schleifmaschinen und Industriediamanten schleift und bearbeitet er Natursteinflächen, Beton und andere mineralischen Oberflächen. Längst ist die MGS eine eigenständige Firma, deren Spektrum nur noch in Teilbereichen mit dem eines Gebäudereinigers übereinstimmt. Zu seinen Kunden zählen insbesondere Architekten, die nach neuen Materialien für die Gestaltung von Häusern und Wohnräumen suchen. Während die Firma wächst, dabei mehr Aufgaben und Aufträge übernimmt und 1984 eine Niederlassung in Emsdetten eröffnet, bleibt Kottmeyer seiner Linie treu. Zwar geht es schon einmal in den Urlaub mit der Familie, aber ausspannen oder Loslassen ist seine Sache nicht. Zu groß sind die Verantwortung und die Fürsorgepflicht gegenüber den längst mehr als 500 Mitarbeitern, zu wichtig die finanzielle Sicherheit der Familie. Und er hat mit seiner Frau eine Fürsprecherin: Sie kennt ihn, kennt die Firma von Anfang an, und sie hat auch Verantwortung übernommen, indem sie sich um die Finanzen kümmert. „Es ist ein Wir!", sagt Kottmeyer, auch wenn er natürlich Namensgeber und lange Zeit erster Ansprechpartner für Kunden war. Ohne sie wäre das Unternehmen nicht da, wo es heute ist. Und den Zusammenhalt haben die Kottmeyers offensichtlich auch an ihre Söhne weitergegeben. Denn im Gegensatz zu Hans-Dieter Kottmeyer, der nicht in die Fußstapfen seines Vaters treten wollte, tun es Sven und Jörg. Ihr Vater ist darüber augenscheinlich glücklich: „Jörg ist mittlerweile verantwortlich für die Gebäudereinigung, Sven leitet die MGS." Eigentlich müsste Hans-Dieter Kottmeyer nicht mehr jeden Tag ins Unternehmen kommen. Paula hat bereits ihre Arbeitszeit reduziert, genießt mehr Freizeit im eigenen Haus in Harsewinkel. Er fährt jeden Tag zur Firma. Morgens um 5 Uhr steht der Senior oft schon auf dem Betriebsgelände – und das nicht nur an Werktagen. Es gibt immer etwas zu tun. Auch das ist so ein Motto von ihm. Wenn es keine akuten Aufgaben gibt, zieht es ihn ins Prüflabor. Dort werden Bearbeitungstechniken getestet, mit Farben und Farbstoffen hantiert, Oberflächen untersucht. Auf dem Regal oberhalb stehen diverse Farbmischungen, mit denen sich Stein färben lässt. Je nach Oberflächenstruktur, je nach Bearbeitung wirkt die Platte fein oder grob. Die Leidenschaft, die Hans-Dieter Kottmeyer für seinen Beruf empfindet, wird nur von einer Sache getoppt: Steine! „Es gibt etliche Kollegen, die mich als Steinpapst titulieren", sagt er. Diesen Titel hat er sich allerdings auch verdient. Mittlerweile ist der 64-Jährige Obermeister der Gebäudereiniger-Innung Bielefeld. Wenn es nach Hans-Dieter Kottmeyer geht, darf sich der Ruhestand noch ein paar Jahre gedulden, bis er ihn in Anspruch nimmt. „Ich bin fit", sagt er mit Überzeugung. Selbst der Speiseröhrenkrebs und die damit verbundene Operation, die ihn 2014 zurückgeworfen haben, spielen längst keine Rolle mehr. Fünf Jahre noch, vielleicht zehn, will er weitermachen. „Solange es Jörg und Sven zulassen", sagt er mit einem ernsten Lächeln. Die Firmenanteile sind seit 1995 gleichmäßig verteilt. Wenn es die Söhne drauf anlegten, könnten sie ihn aus der Geschäftsführung ausschließen. „Es war mir wichtig, da die Weichen frühzeitig zu stellen, Klarheit zu schaffen." Man merkt es ihm an: Zur Last fallen oder dem Unternehmen im Weg stehen will er nicht.

Ein kleines bisschen mehr Ruhe gönnt sich Hans-Dieter Kottmeyer allerdings. So verbringt er gern Zeit mit seinen vier Enkeln, und auch gegen einen Urlaub mit Paula verschließt er sich nicht mehr grundsätzlich. Die Entspannung klappt mittlerweile: „Da lese ich dann auch ganz gern etwas anderes als Fachliteratur." Er grinst verschmitzt: „Im Urlaub sind es Western, und zwar Hefte: „Lassiter". Ein paar Wochen vor dem Urlaub besorge ich mir da eine Handvoll von." Er schüttelt den Kopf. „Groschenromane! Das klingt seltsam, ist aber so!" Aber, und das ist dem Ostwestfalen dann wichtig: „Nur im Urlaub. Wenn ich zu Hause etwas Gutes lesen möchte, dann darf es etwas über Steine sein!"

Josef Kränzle in einer der Werkshallen in Illertissen: Er kennt hier jede Schraube und jedes Teil.

Josef Kränzle will mit 71 Jahren kürzertreten

„Nicht einfach das machen, was andere machen"

Er ist Unternehmer, war über viele Jahre politisch engagiert, fast Profi-Fußballer und steckt immer noch voller Energie. Josef Kränzle, Gründer und bis 2013 Geschäftsführer der Kränzle GmbH in Illertissen, ist kein Freund von Untätigkeit. Selbst mit 71 Jahren ist er fast jede Woche von montags bis freitags in „seiner" Firma. Immerhin versucht er seit einigen Monaten, wenigstens freitags zuhause zu bleiben. „Das gelingt mir nicht immer", sagt er im Gespräch mit Reinigungs Markt-Korrespondent Patrick Merck. Er lächelt breit: „Eigentlich eher selten."

Es sind keine rosigen Zeiten und Umstände, als Josef Kränzle im Mai 1944 als zweites von fünf Kindern in Illertissen auf die Welt kommt. Sein Vater Leonhard ist einfacher Fabrikarbeiter, seine Mutter Johanna kümmert sich um die Familie und verdient mit Heimarbeit etwas zum täglichen Leben hinzu. Da ist es kein Wunder, dass Josef nach acht Jahren die Volksschule verlassen muss, um als Lehrling Geld nach Hause zu bringen. „40 junge Männer standen am 1. September 1958 vor dem Tor der Wieland-Werke", erinnert er sich. Doch nur die Hälfte erhielt eine Anstellung als Lehrling, den anderen wurde eine Anlernstelle angeboten. Die verlockende Aussicht: Nach einem Jahr winkt eine echte Ausbildungsstelle. Dass er nicht gleich eine Anstellung erhielt, wundert ihn nicht. „Unsere Familie war nicht reich, von meinen Eltern oder Verwandten arbeitete keiner für Wieland. Als Außenstehender hattest Du keine Chance." Die Marktgemeinde Illertissen in Bayerisch-Schwaben hatte damals um die 3000 Einwohner. Beziehungen waren wichtig. Seine erste Position im Berufsleben lautet daher nicht Lehrling, sondern „Vesperholer". Seine Aufgabe: Für rund 200 Schlosser vormittags und nachmittags das Essen zu besorgen. Eine gute Stellung, die ihm von Anfang an viele und vor allem tiefe Einblicke in die Schlosserei erlaubt. „Das war – im Nachhinein betrachtet – das wichtigste Jahr meiner Ausbildung", sagt Josef Kränzle. Und das wahrscheinlich prägendste Jahr dazu. „Ich habe viele fähige Handwerker und Ingenieure kennengelernt." Und er hat viel mitbekommen. Ein Ereignis ist ihm dabei besonders in Erinnerung geblieben. Oskar Ehrle, ein Ingenieur der Wieland-Werke, forderte ihn eines Tages auf, dreckige Teile auf dem Hof zu stapeln. Als Josef Kränzle nachfragt, erläutert ihm Ehrle: „Da kommt der Herr Oberdorfer und führt einen Dampfstrahler vor." Der 15-Jährige tut wie ihm geheißen, trägt ölige Teile auf den Hof und sieht dann mit an, wie der Dampfstrahler „Jenny" den Schmutz scheinbar mühelos entfernt. Von den Teilen. Anschließend ist der Schmutz auf dem Hof, und Josef Kränzle muss ihn da aufputzen. Er bekommt allerdings mit, dass der Strahler aus US-amerikanischer Produktion bei Oskar Ehrle großes Interesse auslöst. 4000 Mark soll das Gerät kosten. Die Wieland-Werke schlagen zu.
Josef Kränzle lächelt bei den Gedanken daran. Denn nach Dienstschluss wurde „Jenny" von den Schlossern genau unter die Lupe genommen. „Oskar Ehrle hat sie auch nachgezeichnet und dabei wahrscheinlich schon Verbesserungen im Kopf gehabt", sagt er. „Das habe ich mitbekommen." Kein Wunder: Der 15-Jährige ist in der Schlosserei bekannt und beliebt, geht dort ein und aus. Mit im Boot ist auch Oberdorfer: Er und Ehrle bauen einen eigenen Dampfstrahler und nennen ihn – nach dem lateinischen Wort für Dampf „Vapullo" – kurz Vap. „Das war 1960." Daraus sind dann die Marken Wap und Ehrle entstanden. Für Josef Kränzle ändert diese Entwicklung erst einmal nichts. Er beginnt seine Ausbildung zum Eisendreher 1959, schließt sie 1962 erfolgreich ab, wird von Wieland übernommen und arbeitet bis 1966 ganz normal im Schichtdienst. Allerdings ist zu dieser Zeit nichts „normal" im Leben von Josef Kränzle. „Ich weiß ehrlich gesagt

nicht, wie ich das damals geschafft habe", gibt er mit einem angedeuteten Schulterzucken zu. Zur normalen Arbeit bei Wieland kommen in dieser Zeit das Lernen für die Meisterprüfung, die er 1966 ablegt, ein Hausbau und seine sportlichen Aktivitäten bei der TSG Ulm 1846, einem Vorgängerverein des SSV Ulm 1846. Als Torwart des ambitionierten Clubs steht er mindestens dreimal pro Woche auf dem Sportplatz, dazu kommen an Wochenenden die Rundenspiele. In einer Saison klopfen die Ulmer sogar an die Tür zur zweiten Bundesliga, die damals noch Regionalliga hieß. Wenn er nicht arbeitet, lernt, am eigenen Haus baut oder trainiert, kümmert sich Josef Kränzle um seine persönliche Zukunft. Denn verheiratet ist er zu diesem Zeitpunkt bereits. Ein Thema, über das Josef Kränzle nicht gern spricht. „Es hat nicht gepasst", sagt er. Zu wenig Zeit, zu viele Vorhaben. Mit der Meisterprüfung übernimmt Josef Kränzle als einstiger Vesperholer bei Wieland die Lehrlingsausbildung. Er ist geschätzt als kreativer Kopf, als Mann mit Ideen. Das hat auch Oskar Ehrle nicht vergessen. 1973 wendet sich der Ingenieur mit einer Bitte an seinen einstigen Schützling. „Der Gesetzgeber hat gefordert, dass an Dampf- oder Hochdruckstrahlern eine Totmannschaltung vorhanden sein muss", berichtet Josef Kränzle. Das habe nicht nur für neue Geräte gegolten, sondern für alle. „Sie mussten umgerüstet werden." Die Totmannschaltung hatte die Aufgabe, das Sprühen zu unterbrechen, wenn eine Sprühlanze fallengelassen wird. Ehrle fragt Kränzle, ob er nicht eine Idee habe, wie sich das verwirklichen ließe: „Du bist doch Lehrlingsausbilder. Dir fällt doch dazu sicher etwas ein". Und Kränzle tüftelt. Der Prototyp ist aus Holz, aber funktionstüchtig: Die erste Sprühpistole mit Abschaltautomatik ist ein handgefertigtes Exemplar, das heute mit den weiteren Entwicklungsstufen in einer Vitrine im Hauptsitz in Illertissen liegt. Von ähnlich großer Bedeutung, aber nicht im selben Maße vorzeigbar, ist Kränzles Entwicklung eines Umlaufventils. Denn der Druck auf die Pistole oder Lanze, wenn sie nicht benutzt wurde, die Maschine jedoch lief, musste schließlich auch aufgefangen werden. 1973 kauft sich Josef Kränzle eine eigene Drehbank und fertigt – mit Erlaubnis seines Arbeitgebers – Sprühpistolen für verschiedene Hersteller. „Eigentlich für alle, die es damals gab", sagt Kränzle. Ein Jahr später fertigt er rund 100 Pistolen täglich in seiner Garage und hat sich für die Selbstständigkeit entschieden. Die Josef Kränzle Armaturenbau e. K. entsteht. Es war ein Abschied in Freundschaft und in großer Wertschätzung: „Normalerweise erlischt bei einer Kündigung auch die Mitgliedschaft in der Betriebskrankenkasse", sagt Kränzle, holt sein Portemonnaie und fischt eine Plastikkarte hervor. „Ich bin immer noch in der BKK Wieland." Ehrfurcht und Respekt schwingen in seiner Stimme mit.

1974 wird Josef Kränzle vom Einmann-Unternehmen zum Unternehmer. Er stellt den ersten Mitarbeiter ein und erweitert die Garage. Denn seine Kreativität hat sich in der Branche herumgesprochen. Er fertigt bald nicht nur Sprühpistolen und -lanzen, sondern alles rund um Heiß- und Kaltwasser-Hochdruckreiniger – bis auf Pumpen. Sie erweitern 1981 das Portfolio. Doch noch immer produziert die Kränzle GmbH nicht in eigenem Namen. Sie ist Lieferantin für die Großen der Branche. Die Frage „Wenn wir es selber können, warum machen wir es dann nicht?“, stand also seit 1981 im Raum. 1984 wird sie mit der Produktion des ersten mobilen Kränzle Hochdruckreinigers sowie der Gründung der I. Kränzle GmbH als reine Vertriebsgesellschaft in Bielefeld beantwortet. Zwei Jahre später kommt der erste tragbare Hochdruckreiniger, der Kränzle Profi-Jet, auf den Markt. In den 20 Jahren zwischen 1981 und 2001 spiegelt sich die Innovationskraft des Unternehmens: von fast null auf 10.000 Quadratmeter Produktionsfläche, rund 100 Mitarbeiter bis zu einer Produktpalette, die mobile und stationäre Hochdruckreiniger, Handkehrmaschinen und Industriesauger umfasst. Dabei bleibt die Josef Kränzle GmbH & Co. KG dem Motto ihres Gründers immer treu: „Wenn man etwas macht, sollte man es auch richtig machen!“ Für das Unternehmen bedeutet das eine sehr große Fertigungstiefe. „Bis auf die Schläuche und einige elektronische Bauteile, entsteht alles hier bei uns in Illertissen“, sagt der Firmengründer. Damit bewegt sich das Preisniveau zwar nicht am unteren Rand, aber darum geht es dem Unternehmen auch nicht. Hier heißt es: „Lieber perfekt als billig!" Für Josef Kränzle bedeutete der Anspruch, eine Sache richtig oder gar nicht anzugehen, das: „Ich bin 35 Jahre lang jeden Morgen um 3 Uhr morgens aufgestanden und war um Viertel vor Vier im Betrieb.“ Mittags verbrachte er meist zu Hause, danach blieb er bis in den späten Abend hinein im Betrieb. „Ich habe praktisch rund um die Uhr gearbeitet“, fasst er rückblickend zusammen. Auszeiten gönnte er sich lediglich zwischen Weihnachten und dem Dreikönigstag, dem 6. Januar. Dabei hätte er locker kürzertreten können, weiß er. Denn neben dem Aufbau seiner Firma bringt sich Josef Kränzle über viele Jahre kommunalpolitisch ein. „Mir ist es wichtig, etwas zu gestalten“, sagt er über dieses Engagement. 1996 kandidiert er für die Freien Wähler (FWG) und zieht sowohl in den Stadtrat als auch in den Kreistag ein. 2002 wird er in Illertissen zum zweiten Bürgermeistervertreter gewählt, sechs Jahre später ist er Zweiter Bürgermeister. Als sich 2014 die Mehrheiten verschieben, verabschiedet sich der heimatverbundene Kränzle aus dem politischen Hamsterrad, wie er es nennt. „Ich habe keine Möglichkeit mehr gesehen, Dinge in meinem Sinn vorantreiben zu können.“ Der Wegfall des politischen Geschäfts auf Kreis- und Gemeindeebene und die Übergabe des operativen Geschäfts 2013 an seinen 1967 geborenen Sohn Ludwig sowie ein neues Leben mit Lebensgefährtin Andrea Stölzle in Lindau könnten dazu beitragen, dass es der 71-Jährige langsamer angeht.

Der Gedanke, sein Pensum im Unternehmen zu reduzieren ist da. Dort kümmert er sich um kreative Lösungen, um die Entwicklung und macht das, „was mir Spaß macht“. Der Versuch, nur noch an vier Tagen zu arbeiten, gelingt hin und wieder. Und der Wecker klingelt auch längst nicht mehr um 3 Uhr. Er gönnt sich heute zwei Stunden Schlaf mehr, Abfahrt ist gegen halb Sieben „Dann bin ich um Viertel vor Acht hier!“ Er lächelt. „Ich habe ein schlechtes Gewissen, wenn ich faulenze und andere arbeiten.“

Adolf und Heike Kruse

Urgesteine der Reinigungsbranche: Adolf Kruse

„Mir ist ein ehrlicher Händedruck lieber als das Kleingedruckte!"

Es ist eine einfache Bitte: „Guck Dir das doch mal an". 1962 macht Henry Kruse seinen Sohn auf die Möglichkeit einer Karriere als Selbstständiger aufmerksam. Adolf Kruse lässt sich darauf ein, nimmt sich ein halbes Jahr Zeit dafür. Es wird eine Erfolgsgeschichte, die 50 Jahre später noch nicht beendet ist.

Adolf Kruse wird am 6. Juli 1935 in Kiel geboren. Ein Jahr zuvor hat sein Vater einen Großhandel gegründet. Henry Kruse vertreibt Reinigungsmittel und Glühbirnen. Außerdem gehört eine Bohnerwachsfabrik zum jungen Unternehmen. Doch es sind unruhige Zeiten. Der Zweite Weltkrieg zerstört sämtliche Zukunftspläne. Die erste Brandbombe auf Kiel fällt auf die elterliche Firma. Henry Kruse wird eingezogen, das Haus der Familie evakuiert. Adolf Kruse kommt zuerst in den Harz, zum Ende des Krieges lebt er mit seinen Geschwistern und der Mutter in Schwansen an der Ostsee. „Ich habe siebenmal die Grundschule gewechselt", erinnert er sich. Nach dem Krieg kehrt die Normalität langsam zurück. Adolf Kruse legt 1957 sein Abitur ab, beginnt ein Volkswirtschaftsstudium. Nebenbei hilft er seinem Vater in der Firma, fährt unter anderem Ware aus, um Geld für Reisen ins Ausland zu finanzieren.
Heike, die er 1954 auf einer Skifreizeit im Harz kennenlernte, und er schmieden gemeinsame Pläne, haben Ziele jenseits von Kiel. Sie studiert Sprachen, beide lieben Spanien, sehen dort ihre Zukunft. „Wir wollten zur OECD nach Madrid", sagt Heike Kruse und schaut ihren Mann an. Doch dann kam alles anders. Sie lächelt. „Es war ein sehr kleiner Großhandel", sagt Adolf Kruse über den Status Quo der Kieler „Großhandlung für Landwirtschaft und Industrie" 1962. Untergebracht ist es in einer ehemaligen Postfuhrhalterei, hat 15 Mitarbeiter, verzeichnet einen Jahresumsatz von umgerechnet 680.000 Euro. Es ist nicht die Welt, von der er träumt: „Ich wollte nie in so einen Kaufmannsladen!" Und dann kommt es zu dem Gespräch, das alles verändert. „Vielleicht möchtest Du Dich eines Tages selbständig machen?", fragt ihn der Vater mit Blick auf das eigene Unternehmen. „Guck Dir das doch mal an!" Zu diesem Zeitpunkt ist Henry Kruse aufgrund seiner Erlebnisse im Krieg bereits gesundheitlich angeschlagen. „Es ging ihm nicht gut", erinnert sich Adolf Kruse. Ein halbes Jahr möge er sich doch das einmal anschauen, um dann eine berufliche Entscheidung zu treffen. Die Antwort fällt dem Sohn leicht: „Ja, gerne!" Aber er möchte es richtig machen. Um das Handwerk zu verstehen, geht der 27-Jährige nach Mannheim zu Unilever, lernt dort im Labor die Grundlagen der Chemie kennen. Mehr als das: Er erhält intensive Einblicke in die deutsche Reinigungsbranche.

Es ist ein Anruf Anfang Februar 1963, der die Grundlage für die Zukunft des Unternehmens bildet. Eine kleine Gruppe von Unternehmern trifft sich, um ihre Kräfte zu bündeln. Henry Kruse ist eingeladen, sein Sohn vertritt ihn. „Zum ersten Mal in meinem Leben lernte ich die Großen der Branche kennen", sagt Adolf Kruse ehrfurchtsvoll. Uhlenwinkel, Eichler, Reiter, Joachim senior und viele andere waren in Dortmund zusammengekommen. „Im Vergleich zu denen waren wir klein, sehr klein." Die Gründung einer Einkaufsgemeinschaft steht auf dem Plan. Bessere Preise, mehr Sicherheit, starke Partner – er weiß, dass er eine historische Chance hat, das elterliche Unternehmen auf einen Schlag besser zu positionieren.
Um 23 Uhr wählt Adolf Kruse die Telefonnummer seines Vaters, weckt ihn. Erläutert ihm das Konzept der „Rationalisierungsgemeinschaft des Wäschereifachgroßhandels", wirbt für ein Mitgehen. Für den 27-Jährigen ist klar: „Hier entscheidet sich meine Zukunft." Der Vater ist anfangs dagegen. Doch er hat seinem Sohn nichts entgegenzusetzen. Außerdem ist er müde. Nach einer halben Stunde endet das Telefonat. „Mein Vater sagte »Mach was Du willst!« und knallte den Hörer auf." Adolf Kruse unterschreibt für das kleine Kieler Familienunternehmen. Er ist Gründungsmitglied der ErdeWe.
Mit der Unterzeichnung ändert sich die Schlagzahl. Vater Henry besteht darauf, Heike ins Unternehmen zu holen. Adolf Kruse: „Wir hatten keinen Außendienst, also haben wir das selbst in die Hand genommen." Sie fahren zu zweit in die Holsteinische

Die igefa-Zentrale in Ahrensfelde im OT Blumberg.

Schweiz, suchen sich eine Straße aus und fangen an. „Sie die linke Seite, ich die rechte.“ Das frisch verheiratete Ehepaar versucht sich in Akquise – und erleidet Bruchlandung. An ihren Produkten und dem Service „Alles aus einer Hand“ hat niemand Interesse. „Wir hatten ja auch keine Ahnung vom Verkauf“, sagt Heike Kruse kopfschüttelnd.

„Das war das erste und letzte mal, das ich sowas gemacht habe“, lässt sie damals ihren Mann wissen, als der sie wieder trifft. Nicht nur, dass ihr kein Verkauf gelungen ist, ein Gastwirt, der Mitleid mit ihr hatte, schenkte ihr 5 Mark. Ihr Urteil ist eindeutig: „Das ist nichts für mich!“ Doch der Tiefschlag ist eine Initialzündung. Heike und Adolf Kruse lenken ihren Blick ins Unternehmensinnere. Sie aus der Froschperspektive, er aus der eines Adlers – so beschreibt Kai Kruse seine Eltern später einmal. Ein treffender Vergleich, findet sein Vater. „Auf die Weise haben wir uns ein genaues Bild verschafft und die organisatorischen Strukturen verbessern können“, führt er weiter aus. Als eines der ersten Unternehmen seiner Branche entwickelt Kruse ein Warenwirtschaftssystem, setzt auf Strukturen und Transparenz.

Nicht nur das Unternehmen wächst, auch die eigene Familie wird größer. Jan-Henry, Marie-Claudia, Kai und Julia sehen ihren Vater selten, müssen ihn mit dem Unternehmen teilen. „Die Firma geht vor“, sagt er. Auch beim Mittagstisch ist das Geschäft Thema. „Ich hab's noch im Ohr“, erinnert sich Adolf Kruse an die Beschwerden seiner Kinder: „Müsst Ihr immer über die Firma reden. Ihr habt nur die Firma im Kopf.“ Er hält kurz inne. „Aber das ist unser Leben!“

Nur im Urlaub lässt der Unternehmer los. Die Familie geht wegen ihm extra auf Fernreisen. Entweder mit dem Segelschiff oder per Flugzeug. „Er musste weit weg von seinem Schreibtisch oder der Firma sein – ohne Telefon und Fax.“, sagt Heike Kruse mit einem Lächeln. „Nur dann ging das.“

Anfang der 1970er Jahre kommt es zum Generationenwechsel, Henry Kruse übergibt den Staffelstab an seinen Sohn. Inzwischen hatte sich die ErdeWe wegen innerer Spannungen aufgelöst. Adolf Kruse hatte sich mit mehreren Kollegen der 1963 gegründeten Interessengemeinschaft des Fachgroßhandels für Sauberkeit und Hygiene, der „Igefa“ angeschlossen, die sich 1975 mit acht Mitglie-

dern neu formierte. Es entstand mit neuen Standorten und klaren Zielen ein enger Verbund mittelständischer Familienunternehmen, der einheitliche Servicestandards mit regionaler Kompetenz in Deutschland verknüpft.
Unternehmerische Weitsicht und bodenständiges Handeln: Darauf baut Adolf Kruse auf. Er weiß, dass ein kleiner schleswig-holsteinischer Großhändler nur dann eine Chance auf Erfolg hat, wenn es verlässliche Partner hat. „Igefa-Nutzen geht vor Eigennutz", sagt er. Am Ende, da ist er sich sicher, „profitieren alle". Ähnlich einem Kapitän lenkt er sein Unternehmen wie ein Schiff in einem Flottenverband. „Der Verbund muss stimmen, aber auch die eigene Mannschaft muss mitziehen." Auch das ist für ihn ein Grund, mit Verve und Engagement voranzugehen. „Handel blüht aus der Bescheidenheit, aus Demut und Dankbarkeit. Dagegen sind Selbstgefälligkeit und Selbstzufriedenheit seine größten Feinde."
Die eigene Mannschaft zieht er mit. Da bei der Neuformierung der Igefa 1975 die regionale Verteilung geregelt ist, hat Kruse keine Möglichkeit geografisch zu expandieren. Stattdessen wird in die Tiefe des Markts expandiert. Erst als sich 1989 die Möglichkeit bietet, eine der Partnerfirmen zu übernehmen, kommt die räumliche Erweiterung hinzu. Die Maueröffnung und später die Deutsche Einheit ermöglichen weitere Expansionen sowohl für das eigene Unternehmen als auch für die Igefa, die er von 1999 bis 2009 als Vorsitzender führte.
Heute schaut Adolf Kruse nicht ohne Stolz auf seine Betriebe in Kiel, Lübeck, Sylt, Rostock, Berlin, Köln, Freiburg, Polen und Dänemark. Insgesamt arbeiten im Kruse Firmenverbund heute mehr als 900 Mitarbeiter, die Adolf Kruse zu seinem Bedauern nicht mehr alle persönlich kennt.
Kiel bleibt Kruse-Hauptsitz. Dort ist Adolf Kruse aber heute nur noch selten anzutreffen. Das Tagesgeschäft der Kruse-Gruppe überlässt er seinem Sohn Kai, der jetzt auch den Igefa Vorsitz innehat. Adolf Kruse kümmert sich um die europäische Komponente der Igefa: Inpacs, deren Vorsitzender er ist. Aber auch das wird immer seltener. Stattdessen nimmt das Private zu. In der spanischen-französischen Grenzregion, in den Pyrenäen, mit Blick aufs Mittelmeer genießen Heike und Adolf Kruse vermehrt ihre Zeit. Dort steht ihr Refugium.
Den Schritt, mit 27 Jahren nicht nach Spanien gegangen zu sein, bereut Adolf Kruse nicht. „Das wäre schiefgegangen", ist er sich sicher. Denn als Liebhaber des klaren Worts, der mit „endlosen Diskussionen nicht viel anfangen kann", glaubt der Kaufmann, dass es ihm in einer doch eher diplomatischen Institution zumindest schwergefallen wäre. „Mir ist ein ehrlicher Händedruck lieber als das Kleingedruckte!"

Adolf Kruse zeigt die Partner von INPACS.

Urgesteine der Reinigungsbranche: Christoph Loosli

Begeisterung ist der Schlüssel

Vor gut 40 Jahren kamen mehrere Faktoren zusammen, die dazu geführt haben, dass Christoph Loosli den Schritt ins Unternehmertum wagte: Unzufriedenheit mit dem aktuellen Arbeitgeber, eine Ehefrau mit eigenem Einkommen, eine gute Idee und Begeisterung für ein bis dato unbekanntes Gebiet. Der Grundstein für die heutige Cleanfix Reinigungssysteme AG wurde gelegt. Beim Urgestein-Gespräch mit Reinungs Markt-Herausgeber und -Chefredakteur Reinhard Knittler, Reinigungs Markt-Geschäftsführer Daniel Knittler und Reinigungs Markt-Korrespondent Patrick Merck richtet der 75-Jährige seinen Blick am liebsten in die Zukunft.

Sein Büro im ersten Stock des Cleanfix-Hauptsitzes in Henau ist eher zweckdienlich als repräsentativ. Hier sind keine opulenten Polstermöbel und hochflorige Teppiche zu finden. Moderne Kunst hängt an den Wänden, ein schwarzer, aufgeräumter Eckschreibtisch nimmt den Großteil des Raumes ein. Ein kleiner Besprechungstisch mit wenigen Stühlen rundet das Interieur ab. Der Raum strahlt das aus, wofür Christoph Loosli steht: Geradlinigkeit, Unternehmertum, Selbstbewusstsein und ein konsequentes Nach-vorne-Schauen. Nur weil es andere machen, muss er es nicht auch.

Geboren wird Christoph Loosli am 30. Juni 1942 in St. Gallen, wo er auch aufwächst. Der Vater ist Beamter, die Mutter kümmert sich um die fünfköpfige Familie. Das Leben geht seinen geregelten Gang, mit Unternehmertum oder gar der Reinigungsbranche gibt es keine Berührungspunkte. Nach der Volksschule folgt die sogenannte duale Matura – eine Kombination aus Ausbildung und Schule. 1962 schließt er die kaufmännische Lehre im Hotelfach ab, ein Jahr später folgt die Matura, wie das Abitur in der Schweiz genannt wird. Der junge Mann entscheidet sich für ein Betriebswirtschaftsstudium mit den Schwerpunkten Vertrieb und Marketing an der Hochschule für Wirtschafts-, Rechts- und Sozialwissenschaften (HSG). Die renommierte St. Galler Universität zieht schon damals viele Studenten aus Deutschland an, unter anderen eine junge Frau aus der Nähe von Bielefeld. Und das hat Folgen...1970 heiratet das Paar. Beide arbeiten, um eine gemeinsame finanzielle Basis für die Familie zu erwirtschaften. Sie ist im Modellbusiness aktiv, er hat sich einem Generalunternehmen im Baugewerbe angeschlossen, arbeitet da im Projektmanagement. Doch so rund das vielleicht von außen ausgesehen haben möchte, Christoph Loosli ist nicht komplett zufrieden.

Die Suche nach dem eigenen Weg

Christoph Loosli lehnt sich kurz zurück, dann sagt er: „Ich denke, ich wurde zu einem starken Selbstbewusstsein erzogen. Vorgesetzte, die meiner Meinung nach inkompetent waren, konnte ich als Chef einfach nicht akzeptieren.“ Er hält kurz inne, lächelt: „Mein Chef war ein Blödmann!“ Wohl auch deshalb erfüllt ihn der Job als Projektmanager nicht. 700 Kilometer weiter nördlich bei einem Besuch bei den Schwiegereltern ändert sich dann allerdings alles. Mit einem dortigen Bekannten aus der Teppichbranche schlendert er über die Hannover Messe. Schon damals ist sie eine der größten und wichtigsten Industriemessen der Welt mit Ausstellern aus allen Winkeln der Erde. Ein neuartiges Sprühextraktionsgerät für die Teppichreinigung aus den USA zieht erst ihre Blicke an und lässt sie dann – jeder für sich – Ideen entwickeln.

Die beiden Ausstellungsstücke treten den Weg zurück in die Vereinigten Staaten nicht an. Eine Maschine geht Richtung Norddeutschland, um dort als Teppichreinigungsmaschine eingesetzt zu werden, die andere wird in die Schweiz importiert und ist die erste von vielen weiteren Maschinen, die Christoph Loosli vertreibt. Denn innovative Technik, gerade was die Aufnahme des Schmutzwassers angeht, kommt bei den Gebäudereinigern gut an. Die Teppiche werden rasch sauber und sind vor allem schnell wieder begehbar. So entwickelt sich langsam ein kleiner Vertrieb, den er anfangs neben seiner Tätigkeit in der Baubranche betreibt. Dann kündigt er 1974 seine Stelle als Projektmanager und widmet sich dem Aufbau der eigenen Firma.

Familie stärkt den Rücken
Den Wechsel vom Angestellten hin zum Unternehmer mit Gründung der Siprotech 1975 ist für Christoph Loosli logische Entwicklung. „Wenn man ein Umfeld hat, wo man nicht so ganz glücklich ist, sucht man nach Alternativen", sagt er. Und fügt dann hinzu: „Das ging auch deshalb, weil meine Frau weiterhin gearbeitet hat." So war das Einkommen der Familie gesichert, und er hatte den Rücken frei für Investitionen.
Der Erfolg der Sprühextraktionsmaschinen ist riesig. In vielen Büros liegen Mitte der 1970er-Jahre noch Teppichböden. Doch so gut die Technik in den klobigen Geräten auch ist, die Verarbeitung ist es nicht. Auch die Ersatzteilbeschaffung aus den USA gestaltet sich schwierig. Christoph Loosli sucht daher nach einer lokalen Lösung und findet sie in einer kleinen Henauer Lohndreherei. Die hatte zuvor inseriert, um auf freie Kapazitäten hinzuweisen. Erst übernimmt das kleine Unternehmen Aufträge der Siprotech, dann übernimmt die Siprotech die Dreherei im etwa 25 Kilometer von St. Gallen gelegenen Henau, einem Ortsteil der Gemeinde Uzwil. Denn die Technik der importierten Maschinen ist längst kein Geheimnis mehr. Christoph Loosli entscheidet sich dafür, eigene Maschinen zu entwickeln.

Miteinander zum Global Player
Das Gespräch hat sich mittlerweile in den großen Ausstellungs- und Seminarraum im Erdgeschoss verlagert. Die Frühlingssonne blitzt hinein und beleuchtet eine Armada an Schrubbautomaten, Saugern, Scheuersaugmaschinen und anderen Geräten für alle Arten der Reinigung. Am Bistrotisch angelehnt trinkt er einen süßen Kaffee. „Ich habe ja keine Ahnung von Technik", gesteht Christoph Loosli mit einem Achselzucken. Aber er weiß, wer diese Ahnung in sein Unternehmen einzubringen in der Lage wäre: Roland Flück. Der Ingenieur ist bereits eine feste Größe der Erfolgsgeschichte von Siprotech, weil er ein entscheidendes Teil der Maschine verbessert hat. „Die Pumpe war eine Schwachstelle", blickt Loosli zurück. Erst kauft die Siprotech bei Flück Pumpen ein, dann holt der Unternehmer den jungen Entwickler und Innovator gleich ganz ins Boot. Loosli breitet die Arme aus, zeigt auf die unzähligen roten Maschinen und wendet sich dann Roland Flück zu, der die Gesprächsrunde mittlerweile vervollständigt hat. Loosli lächelt, hält kurz inne und sagt: „Er hat die ganzen Maschinen entwickelt."

Das Hauptgeschäft bilden bis Mitte der 1980er-Jahre die Sprühextraktionsgeräte. Erst dann folgen mit dem 1983 vorgestellten RA450 der erste Scheuersaugautomat und leichte Veränderungen im Markt. In vielen Büros werden Teppiche durch Hartböden ersetzt, die Nachfrage nach Sprühextraktionsgeräten stagniert. Ausnahmen sind England und die USA. Neue Entwicklungen werden angegangen, neue Märkte erobert. Für Christoph Loosli eine spannende Zeit.

„Für mich war das immer Spaß", sagt er rückschauend. Im Urlaub entspannen und abschalten, das kam für den Unternehmer nicht in Frage. Die Familie, gemeinsam haben sie vier Töchter, stützt ihn, seine Frau lässt ihm freie Hand, Cleanfix ist allein seine Welt. „Sie hatte immer Verständnis dafür", sagt er dankbar.

Die Begeisterung, die Christoph Loosli antreibt, ist auch heute ungebrochen. Das zeigt sich am jüngsten Spross der Cleanfix AG: dem RA 660 Navi. Er steht mitten im Raum, Loosli schlendert zu ihm hinüber. Man sieht sein Gesicht strahlen.

Roland Flück, Patrick Merck, Christoph Loosli (von links).

Gut fünf Jahre Entwicklungszeit stecken in der Maschine, dazu eine enge Zusammenarbeit mit der ETH Lausanne. 2016 wurde der RA 660 mit dem Innovation Award der ISSA ausgezeichnet. Selbsttätige Reinigung ist bereits seit 2003 Teil der Firmen-DNA. Damals regte Roland Flück den Bau von Reinigungsrobotern an, und bereits fünf Jahre später wurde der erste Robo40 vorgestellt. „Anfangs hatte das nicht die höchste Priorität“, sagt Loosli. Aber es dauerte nicht lang, und er war von Roland Flück, dessen Team und den Ergebnissen überzeugt.

„Rückblickend bin ich froh, meinen eigenen Weg ohne irgendwelche Vorgesetzte gegangen zu sein“, sagt Christoph Loosli abschließend. Auf diesem Weg, sagt er, habe er „jede sich bietende Gelegenheit zur Selbstständigkeit genutzt“. Dabei lag der Fokus in den ersten Jahren allein auf Cleanfix. Mittlerweile besitzt er – die Ausbildung in der Hotellerie hat dann doch Spuren hinterlassen – zwei Hotels und drei Restaurants in und um St. Gallen. „Das war aber nur möglich aufgrund des Erfolgs von Cleanfix!“ Sein Antrieb sei bei allem aber nie rein finanzieller Natur gewesen. „Ich wollte vorwärtskommen, mich durchsetzen, mich selbst verwirklichen und Sicherheit für meine Mitarbeiter schaffen“, sagt der 75-Jährige. Inklusive der Tochtergesellschaften stehen rund 180 Menschen bei der Cleanfix AG in Lohn und Brot. „Für die fühlte ich und fühle ich mich noch verantwortlich!“

Heute geht er es dennoch etwas ruhiger an. Die Cleanfix AG, das hat er erfahren, läuft auch gut, wenn er nicht fünf von sieben Tagen nahezu komplett in der Firma verbringt. Die Strukturen stimmen. Viel wichtiger ist jetzt eher, dass die Töchter mit ihren Familien in der Umgebung leben. Seine Frau und er sind sechsfache Großeltern. „Da hat es manchmal andere Prioritäten“, gibt Christoph Loosli mit einem Lachen zu.

Urgesteine der Reinigungsbranche: Otto Oehme

„Ich wusste, dass ich Erfolg haben würde!“

An seinen aufgeräumten, wuchtigen Schreibtisch in Allersberg setzt sich Otto Oehme nur noch vormittags. Der Nachmittag ist Freizeit. Nach dem Mittagessen zusammen mit seiner Frau Ingrid wird im Garten gewerkelt, gedöst oder spazieren gegangen. Der 84 Jahre alte Firmengründer lässt es ruhig angehen. Die Leitung seines Unternehmens gibt er in die Hände von Klaus Krisch und seiner Tochter. So ruhig ging es im Leben von Otto Oehme über Jahrzehnte nicht zu. Ein Portrait von Reinigungs Markt-Herausgeber und Chefredakteur Reinhard Knittler und Reinigungs Markt-Mitarbeiter Patrick Merck.

Am 20. März 1933 kommt Otto als erstes Kind von Willy Oehme in Vevey auf die Welt. Sein Vater hat zehn Jahre zuvor gemeinsam mit einem Partner eine Aktiengesellschaft in der Schweiz gegründet. Die Lorito Société Anonym produziert und vertreibt die Lorito-Creme: ein Reinigungsmittel, Poliermittel und Desinfektionsmittel, das häufig auch als Schuhcreme verwendet wird. Abnehmer sind Hausfrauen. Der Verkauf geschieht ausschließlich im Direktvertrieb. „Er hat die Fähigkeit besessen, an der Haustür mit seinem Produkt zu überzeugen."

Die Familie Oehme stammt aus Nürnberg, doch die wirtschaftlichen Möglichkeiten bringen Willy Oehme als 21-Jährigen dazu, sein Glück in Vevey in der Schweiz zu versuchen. Und das mit Erfolg. Seine Frau kommt ebenfalls an den Genfer See, erzählt Otto Oehme. Doch das Glück ist nur von kurzer Dauer, der Ausbruch des Zweiten Weltkriegs zerstört auch die Pläne der Oehmes. Die dreiköpfige Familie reist mit kleinem Gepäck nach Nürnberg, um Willys erkrankte Mutter zu besuchen. Doch sie dürfen nicht wieder ausreisen. „Die Gestapo hat ihm die Papiere abgenommen." Seine Anteile an der AG verfallen. „Wir hatten praktisch nur unser Reisegepäck, als wir uns in Nürnberg niederlassen mussten", erinnert sich Otto Oehme.

Nach dem Krieg und der Entlassung des Vaters aus der Gefangenschaft fängt die Familie, zu der mittlerweile die Schwestern Erika und Margarete gehören, neu an. Vater Willy produziert und vertreibt seine Allzweckcreme. Wieder sind es Hausfrauen, die er und seine Mitarbeiter direkt an der Haustür ansprechen und ihnen die Produkte abkaufen. Das Geschäft läuft gut. „Meinem Vater hat es gereicht."

Von 1945 an besucht Otto Oehme ein Internat in Dinkelsbühl, im Sommer 1952 besteht er das Abitur. Der junge Mann steckt voller Tatendrang. Ihn reizt die Architektur, aber auch für die Chemie entwickelt er eine Leidenschaft. Zumal er sicher ist, dass sein Vater mit einem größeren Portfolio und einer veränderten Zielgruppe deutlich mehr erreichen könnte. „Ich habe ihm immer wieder gesagt, dass wir ein komplettes Programm brauchen. Aber davon wollte er nichts hören", sagt Otto Oehme.

Der Abiturient entscheidet sich für ein Studium der Chemie. Zwei Semester absolviert er in Heidelberg, dann müsste ein Laborsemester folgen. Doch er findet keinen Platz und zieht daraus die Konsequenz, das Studium aufzugeben, um keine Zeit zu verlieren. Er widmet sich der Volkswirtschaft und beendet das Studium im November 1957 mit dem Diplom. Auch privat läuft es gut: Nur ein halbes Jahr nach dem erfolgreichen Studienabschluss schließen er und seine Ingrid den Bund fürs Leben. Ein weiteres Jahr später werden die beiden Eheleute Eltern.

Weil Otto Oehme an den Erfolg von Reinigungsmitteln im großen Stil glaubt, sich sein Vater jedoch nicht ins Geschäft reden lässt, nimmt er die Sache schließlich selbst in die Hand. Er besinnt sich seiner Kenntnisse aus dem Chemiestudium, und geht als Praktikant – mit Hilfe seines Vaters – zu einem Unternehmen der Farbwerke Hoechst AG nach Gersthofen. Dort werden Wachse produziert. „Da habe ich mir das fehlende Wissen angeeignet", sagt er unumwunden über die sechs Monate in der Nähe Augsburgs.

In den Produktionsräumen des Vaters in Nürnberg beginnt er dann damit, seine eigenen Ideen umzusetzen. Alles ist klar abgegrenzt. „Ich habe ihm für die Nutzung Miete gezahlt." Außerdem sind die Zeiten definiert. Willy Oehme nutzt die Einrichtung

„Wir sind ein Familienunternehmen".

bis 17 Uhr, danach kommt sein Sohn an die Reihe. Der setzt von Anfang an auf die Industrie als Kundschaft. „Das Geschäft an der Haustür ist zu aufwendig und letztendlich auch nicht so sicher." Otto Oehme denkt größer. Wobei er das Produkt, das seinen Vater erfolgreich gemacht hat, ins eigene Programm aufnimmt. Auch den Namen: Lorito.

1960 tritt er offiziell in die Firma Willy Oehme KG ein, doch die Geschäftsfelder und der Vertrieb bleiben getrennt. Mehr als das: „Mein Vater hat mich nie bezahlt." Otto Oehme muss sich seine Brötchen komplett selbst verdienen und geht es mit Elan an. „Ich wusste, dass ich erfolgreich sein würde!" Dennoch profitiert er ein wenig von den Leistungen seines Vaters: „Ich habe den Namen Lorito für das Sortiment beibehalten, weil er schon eingeführt war." Aber außer der Lorito-Creme entwickelt er alles selbst.

Sein Vater steht dem Gebaren seines Sohns derweil relativ emotionslos gegenüber: „Mach, aber lass mich damit in Ruhe", zitiert ihn Otto Oehme knapp 50 Jahre später. „Er war zufrieden, ihm ging es gut, er wollte nicht mehr erreichen."

Der Tagesablauf für den jungen Geschäftsmann ist straff gegliedert: Tagsüber geht es um die Gewinnung von Kunden, am späten Nachmittag bis in die Nacht hinein tüftelt er an Rezepturen und Produkten. Über die Qualität seiner ersten Entwicklungen redet Otto Oehme Klartext: „Das war wirklich nicht gut." Er geht sogar einen Schritt weiter: „Ich glaube, die Leute haben auch ein wenig aus Mitleid gekauft." Einziges Kriterium: „Es hat schäumen müssen."

Doch Otto Oehme ist hartnäckig, arbeitet weiter an seinem Sortiment. Die Qualität steigt, es gibt immer mehr Interessenten. Und dann der Durchbruch: Die Stadt Nürnberg wird der erste Großkunde. Otto Oehme erinnert sich mit einem Lächeln an das Gespräch mit der Verantwortlichen des zuständigen Beschaffungsamts, Frau Neudecker. „Es war für uns beide die erste große Verhandlung. Dementsprechend waren wir beide ein wenig nervös", berichtet er. Die Erinnerung ist lebendig: „Mir haben sogar die Hände gezittert."

Ganz allein ist Otto Oehme von da an dann auch nicht mehr: Seine Schwestern unterstützen ihn; Margret vor allem in der Produktion, Erika aushilfsweise im Büro. Bald schon ist sein Unternehmensteil größer als der des Vaters. „Aber da war keine Konkurrenz, kein Neid." Im Gegenteil. „Mein Vater war stolz auf mich", ist er sich sicher. Ausgesprochen hat er es nie. 1964 ziehen Vater und Sohn Oehme mitsamt ihren beiden Unternehmen gemeinsam um: Ein Brand zerstört Teile des Gebäudekomplexes, in dem sie produzierten. Sie suchen und finden in Wendelstein eine ehemalige Fettfabrik mitsamt Maschinen. Für die Herstellung von Reinigungsmitteln ein Glückstreffer.

Margret Oehme übernimmt die Produktion, Otto Oehme kümmert sich verstärkt um den Vertrieb und die Entwicklung, seine Frau Ingrid hilft ebenfalls mit: Der Grundstein für den Erfolg des Familienunternehmen ist gelegt. 1970 wird die Otto Oehme GmbH gegründet, sein Vater zieht sich zurück. Das Gelände in Wendelstein wird ausgebaut und Mitte der 1990er-Jahre zu klein. Otto Oehme zieht 1997 nach Allersberg auf eigenen Grund und Boden.

Otto Oehme lebt voll und ganz für sein Unternehmen. Die Familie steht an zweiter Stelle: Urlaube mit Ingrid und den Töchtern sind selten. Ulla und Nicole wachsen mit und in der Firma auf. Im Alter von sechs, sieben Jahren füllen sie bereits Shampoo – das damals zum Sortiment zählte – ab, verdienen sich 20 Pfennig pro Stunde zum Taschengeld hinzu. „So war das", sagt Otto Oehme. Zweimal pro Woche gönnt er sich eine Auszeit beim Kartenspielen – bis heute. Mit Sport hält er sich fit.

Ein bisschen Wehmut ist bei der Rückschau schon dabei. „Meine Ehe hat unter meinem Engagement für die Firma schon gelitten", gibt der 79-jährige zu. Jetzt nimmt er sich mehr Zeit für das Private, auch für Reisen mit seiner Frau.

Er habe alles erreicht, was möglich war, sagt er: „Ich bin zufrieden." Doch dann schiebt er hinterher: „Der Tag hat eben nur 24 Stunden." Denn trotz Tochtergesellschaften in Berlin, Braunschweig, Hannover und Leipzig, sowie Niederlassungen in Europa und einem internationalen Vertriebsnetz muss er sich eingestehen, dass es größere und kleinere Wettbewerber gibt. Er wäre gern größer, gibt er zu. Doch das überlässst er nun seinen Nachfolgern. Er hat eine andere Aufgabe gefunden: „Ich muss mein Leben neu konzipieren."

In seinem eigenen kleinen Museum sammelt Otto Oehme alte Reinigungsmaschinen.

Urgesteine der Reinigungsbranche: Günter Oelgeklaus

„Man muss sein Ohr an der Schiene haben"

Günter Oelgeklaus weiß, dass Erfolg mit Arbeit und Leidenschaft verbunden ist. Ein bisschen sitzt er auf gepackten Koffern – und das in doppelter Hinsicht: Günter Oelgeklaus zieht nicht nur mit der von ihm gegründeten Kareima 2015 um, sondern sich anschließend auch langsam aus dem Unternehmen zurück. „Das habe ich zumindest vor", sagt er im Gespräch mit Reinhard Knittler, Herausgeber und Chefredakteur des Reinigungs Markts, und Reinigungs Markt-Korrespondent Patrick Merck.

Die Weichen für den Umzug vom Südosten Kamens auf die andere Seite Richtung Bergkamen – inklusive Vergrößerung der Betriebsfläche – sind längst gestellt, und auch um die Zukunft der Kamener Reinigungsmaschinen GmbH, dafür steht Kareima, macht er sich keine Gedanken. Das Familienunternehmen bleibt schließlich in der Familie. Tochter Sandra, die seit 2006 Teil der Geschäftsführung ist, wird sukzessive übernehmen. „Das freut mich, dass es so weitergeht", sagt er.

Günter und Sandra Oelgeklaus vor dem Graffitti eines Reinigungsautomaten.

Sein Vater hätte das vielleicht auch gern gesagt. Doch in dessen Fußstapfen wollte der junge Günter Oelgeklaus Ende der 1970er-Jahre nicht treten. Sonst wäre er heute vielleicht auch Firmenchef, aber dann der eines Möbelhauses und nicht der eines auf Reinigungsmaschinen spezialisierten Unternehmens. Oder Lehrer, weil das seinem Vater auch gefallen hätte.
Doch wenn Günter Oelgeklaus an seinem Schreibtisch sitzt, blickt er nicht auf Möbel oder Schüler, sondern auf ein Graffito. Das Bild vis-á-vis – annähernd zwei Meter im Quadrat groß – zeigt einen Reinigungsautomaten. Es ist eine Auftragsarbeit, die ein bisschen widerspiegelt, was den Firmengründer und Chef ausmacht: Nicht immer das machen, was von einem erwartet wird, aber das, was man macht, richtig.
Günter Oelgeklaus kommt am 19. Oktober 1949 in Bergkamen auf die Welt. Es ist eine Bergmannstadt wie so viele im Ruhrgebiet. Und die meisten Bergleute kaufen ihren Wohnzimmerschrank, die Betten und den Küchentisch bei Möbel Oelgeklaus, dem größten Händler im Ort. Günter Oelgeklaus entwickelt sich zu einem echten Jaust, also zu einem Draufgänger, der schon während der Schulzeit nichts auslässt. Für Handball interessiert er sich besonders – vielleicht auch, weil da in der Jugendmannschaft ein interessantes Mädchen spielt. Annemarie heißt sie. 1965 werden sie Freunde. Und ein bisschen mehr.

Günter Oelgeklaus ist das einzige Kind seiner Eltern, und natürlich wünscht sich der Vater, dass der Sohn in seine Fußstapfen tritt. Der Junge hilft auch mit, nach der Schule, in den Ferien und später – nach Abitur, Lehre und Wehrdienst – unterstützt er den Vater ebenfalls. Doch reibungslos ist das Verhältnis nicht.
„Ich habe die 68er-Jahre erlebt und genossen", sagt Günter Oelgeklaus erklärend und trinkt einen Schluck Kaffee. „Mein Vater mit seiner Erfahrung aus Krieg und Kriegsgefangenschaft auf der einen Seite, ich mit meinen langen Haaren auf der anderen – das ging nicht immer gut". Das zeigt sich nicht nur im Privaten, sondern auch bei der Gestaltung und Führung des Möbelhauses. „Da waren wir nicht immer einer Meinung." Daher entscheidet sich der Spross nach Abschluss der Schule für eine Ausbildung als Kraftfahrzeugschlosser bei Opel, die er als Jahrgangsbester beendet. Erst nach dem Wehrdienst 1970 entspannt sich das Miteinander. Gemeinsam stemmen sie den Räumungsverkauf und kommen sich näher. Doch viel Zeit bleibt ihnen nicht: Nur gut ein Jahr später stirbt der Vater.
1973 kommt Günter Oelgeklaus erstmals mit der Reinigungsbranche in Kontakt. Er nimmt eine Stellung bei der Gansow Elektrobau KG an. Als Techniker, der sich mit

Maschinen und Motoren auskennt, reist er mit seinem Chef durch die Region und arbeitet als Vorführer. Es ist eine dankbare Aufgabe: Maschinell unterstützte Reinigung ist in weiten Teilen Deutschlands völlig unbekannt. Wenn die beiden Vertreter in den Supermärkten eine ihrer Maschinen vorstellen und demonstrieren, wie einfach das Reinigen sein kann, wird daraus meist ein Verkauf.

„Ich habe schnell gemerkt, dass es da einen unglaublichen Bedarf gibt, und dass die Branche Zukunft hat", sagt Günter Oelgeklaus und lehnt sich in seinem Sessel ein bisschen zurück. Es war eine Feststellung mit Folgen: 1972 hatten Annemarie und er geheiratet, mit der neuen Anstellung war er sicher, dass seine berufliche Zukunft sicher sein würde. Der passende Zeitpunkt, um eine Familie zu gründen.
Mehrere Monate reist er mit seinem Chef quer durch Nordrhein-Westfalen, um Putzmaschinen vorzustellen. Es war eine Pionierarbeit, und das Angebot an Maschinen war begrenzt. Letztendlich konkurrierten nur wenige Hersteller wie Gansow, Wetrok und Soma auf einem Markt, der im Prinzip erst noch geschaffen werden musste. „Wir haben tatsächlich Putzmaschinen gesagt, so haben wir die genannt", erinnert sich Günter Oelgeklaus und lacht. „Das war ja alles neu, das gab es ja vorher in dieser Form nicht." Mit den hochtechnischen Maschinen, die heute computergestützt und -gesteuert ihre Kreise ziehen, hatten die klobigen Apparate von damals wenig gemein.

Als sein Vorgesetzter nicht mehr auf Reisen gehen möchte, übernimmt Günter Oelgeklaus im Verlauf des Jahres die Fahrten allein. Er ist Vorführer und Verkäufer in einer Person – und erfolgreich. 1977 wird er Niederlassungsleiter, sein Vertriebsgebiet umfasst etwa die Hälfte von Nordrhein-Westfalen. Und schon 1979 erzielt er firmenintern den höchsten Umsatz. Der Ablauf war fast immer gleich: Eine Maschine in den Ford Transit laden, zu den ausgemachten Terminen losfahren, um dann – fast immer – eine Bestellung in der Tasche zu haben.

„Bei den Supermärkten gab es so gut wie keine Konkurrenz, diesen Markt haben die Mitbewerber nicht gesehen", bilanziert Günter Oelgeklaus gut 35 Jahre später. Er blickt sich in seinem Büro um: „Das waren Zeiten, mein lieber Herr Gesangsverein!" Günter Oelgeklaus eilt von Erfolg zu Erfolg, doch der scheint andere neidisch werden zu lassen. Auch wenn es nicht greifbar ist, sein Bauchgefühl wird schlechter. Und 1988 kippt die Stimmung bei ihm langsam. Der Entschluss, sich zu verändern, reift heran. Die Selbstständigkeit lockt.

„Deshalb habe ich dann einen Business-Plan entwickelt, mich mit der Wirtschaftsförderung zusammengesetzt und nach einem Standort gesucht." Zuvor hat er sich selber auf den Prüfstand gestellt. Er schaut zu seinen beiden Besuchern und erklärt: „Ich hatte ja einen gutbezahlten Job. Dass ich den hinwerfe, hätte erst einmal niemand verstanden." Er wollte sicher sein, dass er nicht aufgrund einer temporären Verstimmung oder eine möglichen Midlifecrisis das einreißt, was er sich in 14 Jahren aufgebaut hatte. Und natürlich hat er das alles mit Annemarie besprochen. „Ohne sie wäre das nicht passiert", sagt er: „Das alles hier gäbe es sonst nicht!"

Der Entschluss steht, eine Halle wird gefunden, besichtigt und anderthalb Stunden später per Handschlag erworben. Erst als alles unter Dach und Fach ist, reicht er seine Kündigung ein. Neun Monate Kündigungsfrist liegen vor ihm – verbunden mit der kleinen Hoffnung, dass es zu einer Freistellung kommt. Doch die Kündigung wird nicht ernst genommen. Und so arbeitet er weiter als Angestellter, erledigt seinen Job und wartet darauf, sein eigenes Unternehmen starten zu dürfen. Erst als den Verantwortlichen des Arbeitgebers klar wird, dass Günter Oelgeklaus tatsächlich gekündigt hat, um sein eigener Herr zu werden, ist sein Abschied eine Sache von Stunden. Zu diesem Zeitpunkt hätte er aber nur noch drei Tage arbeiten müssen, bevor er den Resturlaub angetreten hätte.

Formal gegründet wurde die Kareima, „den Namen habe ich mir ausgedacht", sagt Günter Oelgeklaus, im Herbst 1989. Richtig los ging es im Jahr darauf. Er ist unterwegs – genauso wie in den Jahren zuvor. Bloß dass es jetzt Maschinen von Comac sind, und dass sein Team im Hintergrund allein aus Annemarie Oelgeklaus besteht. „Sie war die Stimme, ich war die ausführende Hand." Er blickt auf. „Man sagt ja: Hinter einem erfolgreichen Mann steht immer eine erfolgreiche Frau. Aber das ist nun mal so gewesen. Ohne sie hätte das nicht geklappt."

Der Erfolg, den er als Niederlassungsleiter und angestellter Verkäufer kennengelernt hat, folgt ihm auch in der Selbstständigkeit. Er besucht weiterhin Supermärkte, aber verstärkt kommen Gebäudereiniger hinzu. Für ihn ist schnell klar, dass die Firmen mit ihren Kunden wachsen wollen, und dazu brauchen sie die nötige Ausstattung. Nur einen Monat nach seinem Start stellt er den ersten Kundendiensttechniker ein. Und schon im ersten Geschäftsjahr erzielt die Kareima einen Umsatz von einer halben Million D-Mark.

„So ging das dann weiter", Günter Oelgeklaus lehnt sich zurück. Obwohl seine Halle bei Betriebsbeginn viel zu groß war, platzt sie nach zehn Jahren aus allen Nähten. Er baut an. Wieder hat er das Gefühl, dass er zu groß denkt. Doch seine Weitsicht entpuppt sich als richtig: 2014 wird der Grundstein für eine weitere Erweiterung – diesmal an einem neuen Standort und mit einer eigenen, neu zu erstellenden Halle – gelegt.

Alles gut? „Fast immer", sagt Günter Oelgeklaus rückblickend. Er hat zwar viel gearbeitet, sich aber auch Zeit für die Familie genommen. „Einmal im Jahr sind wir für zwei oder drei Wochen zusammen weggefahren. Mindestens!" Auch hat Familie Oelgeklaus strikt zwischen Arbeit und Zuhause getrennt. „Berufliche Themen waren und sind am Mittagstisch oder abends tabu."

2010 dann der Schlag: Günter Oelgeklaus erleidet einen Herzinfarkt – ausgerechnet auf dem Weg in den Urlaub. Das Flugzeug kehrt sogar um, er kommt ins Krankenhaus, wird operiert und justiert die Weichen neu. Auszeiten werden noch wichtiger, Spaziergänge und Wanderungen sowie sportliches Walking gehören zum wöchentlichen Rhythmus. Angst um seine Firma hat er nicht: Er kann sich da schon auf Tochter Sandra verlassen – genauso wie auf seine 18 Mitarbeiter.
„Ich habe mir irgendwann währenddessen gesagt, wenn ich das überlebe, trinke ich keinen Tropfen Alkohol", berichtet er ernst. Dann lächelt er: „Seit dem 30. Juni 2010 ist das so." Dankbarkeit klingt aus seiner Stimme.

„Man muss sein Ohr an der Schiene haben", antwortet Günter Oelgeklaus, wenn er seinen Erfolg erklären soll. Es heißt aber auch, auf das zu hören, was wichtig ist. Familie, Gesundheit, Lebensfreude etwa. Das hat er gemacht. „Es ist gut, wie es ist", sagt er, schaut hinüber zu seiner Tochter und strahlt.

Urgesteine der Reinigungsbranche: Hermann Ophardt

„Solange ich es machen darf“

Als vor gut sechs Jahren feststand, dass die Übergabe der Geschäftsführung von Ophardt Hygiene bald abgeschlossen sein würde, hätte sich Firmengründer Hermann Ophardt ohne schlechtes Gewissen zurücklehnen dürfen. Er hätte sich auf seinen Garten, auf Reisen oder aufs Golfspielen konzentrieren können, und jeder hätte es ihm gegönnt: Was 1960 als Ingenieurbüro begann, hatte sich zu einem international tätigen und anerkannten Unternehmen mit mittlerweile mehr als 400 Mitarbeitern entwickelt. Doch der damals 73-Jährige hatte kein Bedürfnis, die Füße hochzulegen. Und das gilt heute noch, wie er Reinigungs Markt-Korrespondent Patrick Merck versichert.

Auf einem kleinen weißen Tisch in der Lobby von Ophardt Hygiene liegen Prospekte. Das ist in vielen Unternehmen nichts Ungewöhnliches. Doch hier im niederrheinischen Issum – umrahmt von Feldern, Bauernhöfen und Wiesen – wird für Schiffsrümpfe geworben. „Ophardt Maritim“ heißt das Unternehmen, das Hermann Ophardt aus der 2001 ausgegliederten Forschungs- und Entwicklungsabteilung Ophardt R+D GmbH & Co. gebildet hat. Seit sechs Jahren entwickelt er mit einem Team aus Ingenieuren und Technikern Schiffsrümpfe aus Aluminium von acht bis 20 Meter Länge. Mittlerweile werden diese nach einem neuen, weitgehend automatisierten Verfahren sogar in Serie produziert.

„Ich stehe jeden morgen um 7 Uhr auf, und dann gehe ich in mein Büro“, sagt Hermann Ophardt. Er sagt es so, als sei es selbstverständlich auch mit 82 Jahren täglich für die Firma da zu sein. Doch genau das ist es: Für ihn ist es selbstverständlich. „Das ist einfach so.“

Verantwortung für sich, aber auch für andere, übernimmt er schon in seiner Kindheit. Als ältestes von acht Geschwistern am Neujahrstag 1935 in Kamp – heute ein Teil von Kamp-Lintfort – geboren, muss er als Zehnjähriger bereits mithelfen: in der Klempnerwerkstatt seines Vaters und vor allem im Lebensmittelladen der beiden Tanten. Ob während der Schulzeit oder in den Ferien, er holt Waren ab, kümmert sich um die Kasse, stockt die Regale auf und lernt so nebenbei die Realität des kaufmännischen Lebens. Kopfrechnen wird zu seiner Paradedisziplin. Gerade in den Zeiten vor der Währungsreform 1948 geht es da vor allem ums Umrechnen.
Er nimmt einen kleinen Schluck aus der Kaffeetasse und sinniert kurz. „Sieben Pfund Zucker waren ein Fahrradreifen.“ Die wichtigste Währung waren allerdings Zigaretten. Da er nicht raucht, sind sie für ihn bloße Währungseinheiten. „Ich habe da sehr viel gelernt. Aber ich musste es ja auch machen.“

Auch als er nach dem Abschluss der Realschule 1952 eine Lehre als Maschinenschlosser bei Krupp im Hüttenwerk Rheinhausen aufnimmt und morgens um 4.30 Uhr mit dem Fahrrad zur Bushaltestelle fährt, um nach einer Stunde Busfahrt seine Arbeit um 6 Uhr zu beginnen, ändert sich nichts. Am Nachmittag, nachdem er zurückgekommen ist, begibt er sich in den Laden. Er verhandelt mit Lieferanten in Krefeld, wo er auch mit dem Rad hinfahren muss, mit dem Wirtschaftsamt, wegen der Lebensmittelmarken und der monatlichen Abrechnung, mit den Bergleuten in Lintfort über Kohle und mit den Kunden, die anschreiben lassen. Denn Geld ist knapp, Hermann Ophardt trägt mit seinem Geld nicht nur zum Familieneinkommen bei, sondern finanziert auch sein eigenes Leben. „Das war einfach die Zeit“, sagt er. „Es hat auch niemand gefragt, wie alt man ist.“

Drei Jahre lernt er bei Krupp, beendet die Lehre mit der besten Prüfung im Bezirk. Er will Ingenieur werden. Am meisten reizt ihn die See, Schiffsingenieur würde er gern studieren. Doch dazu hätte er nach Bremen wechseln müssen – das ist zu weit weg vom Lebensmittelpunkt. Auch das angepeilte Maschinenbaustudium lässt sich nicht verwirklichen: Die Wartezeit beträgt 1955 zwei Jahre. Ein Dozent gibt ihm dann den entscheidenden Tipp. In Duisburg gibt es den ganz jungen Studiengang Schiffstechnik. Hermann Ophardt schafft die Aufnahmeprüfung und radelt nun täglich die 25 Kilometer zwischen Kamp und der Meidericher Schiffswerft in Duisburg. Damit seine Arbeit im Lebensmittelladen auch von Amts wegen erlaubt ist, legt er später noch vor der IHK die Prüfung zum staatlich geprüften Lebensmittelkaufmann ab.

Ein kleines bisschen Luxus gönnt sich der Student dann schließlich doch: Nach einigen Monaten auf dem Rad leistet er sich für 1500 DM einen Motorroller. „Eine Lambretta“, erzählt er. Ein Jahr bevor er das Studium abschließt, wird es dann noch ein bisschen bequemer. 1957 wird er Besitzer eines jupitergrauen VW Standard – für 3.790 Mark. „Den konnte ich kaufen, weil ich für meine Tanten ein Grundstück verkauft habe“, berichtet Hermann Ophardt. Der Erlös aus den zwei Morgen Bauland reicht zudem, um die Hypotheken auf den Häusern der Familie zu tilgen.

1958 – Hermann Ophardt ist 23 Jahre alt – beendet er sein Studium und nimmt eine Tätigkeit bei Babcock auf. Dort entwickelt er U-Boot-Reaktoren. Doch das wichtigste Ereignis dieses Jahres liegt im Privaten. Er lernt Elisabeth, die Tochter eines Landwirts aus dem benachbarten Hörstgen, kennen. 1960 – zwei Jahre später – entscheiden sie sich nicht nur zur Heirat, sondern er auch für einen beruflichen Alleingang: Hermann Ophardt gründet sein Ingenieurbüro und kreiert einen Namen, der heute noch klingt: Ingo – kurz für Ingenieur Ophardt.

„Wenn sie nicht mitgemacht hätte, hätte ich das nie gemacht“, sagt er mit Dankbarkeit in der Stimme. Elisabeth hat eine kaufmännische Ausbildung genossen. „Sie kümmerte sich um die organisatorischen und finanziellen Dinge – etwa die Gespräche mit den Banken“, blickt Hermann Ophardt zurück.

Die ersten beruflichen Schritte unternimmt er von zu Hause in Kamp aus. Er sieht sich als Problemlöser, seine Kunden kommen aus der Landwirtschaft. Es geht vor allem um die Ställe. Viele Bauern stellen um auf Intensivhaltung, dementsprechend müssen Belüftungs- und Heizungsanlagen optimiert oder auch überhaupt eingebaut werden. Getreu dem, was er als Schiffstechniker gelernt hat, geht er jeden Auftrag mit Optimismus an. Es sind schließlich nur technische Probleme, und technische Probleme lassen sich lösen.

„Als wir studierten, gab es keine festen Lehrpläne oder Vorgaben. Wir lernten, dass wir alles erreichen können“, berichtet er. Stand die Aufgabe fest, dann wurde einfach nach Mitteln und Wegen geschaut, wie sie sich lösen lässt.

Hermann Ophardt 1958 auf der Weltausstellung in Brüssel.

Das Ingenieurbüro Ophardt nutzt diese Erkenntnisse und vereint bereits vorhandene Komponenten zu neuen Anlagen. Damit diese als Einheit funktionieren, baut Hermann Ophardt eine Blechproduktion auf. Und er stellt die ersten Mitarbeiter ein. Bis 1970 werden es annähernd 20 Angestellte.

Das Jahr der Entscheidung – aus heutiger Sicht – ist 1965. Hermann Ophardt reagiert auf eine Annonce der Desowag Chemie in der Landwirtschaftlichen Zeitung. Das Unternehmen aus Rheinberg stellt unter anderem Holzschutzmittel und Desinfektionslösungen her und braucht neue Spendertechnik.

„Ein Vertreter kam extra nach Kamp gefahren, um mir das Problem zu schildern“, erinnert sich Hermann Ophardt. Sie waren mit ihrem Fußsprayer nicht zufrieden. Verbrauch und Leistung stimmten nicht überein. „Also habe ich einen entwickelt", sagt der Ingenieur trocken. Und er macht es auf seine Weise: Nutzt für die Testserie vorhandene Komponenten und gibt ihnen eine neue Aufgabe. „Der Hauptbremszylinder eines Fiat 500 war die Pumpe", erzählt er und lächelt. Der Ingoped feiert seine Premiere. Und wird ein Verkaufsschlager.

Die Desowag bietet Hermann Ophardt einen Vertrag als beratenden Ingenieur. Und Hermann Ophardt entwickelt und baut für das Chemieunternehmen, aber auch auf eigene Rechnung, Spendersysteme. Das Geschäft wächst und sein Ruf mehrt sich. Doch vereinnahmen möchte er sich nicht. Auch als die Aufträge größer werden, Stückzahlen von 10.000 und 20.000 im Raum stehen, beharrt er auf seiner Unabhängigkeit.
Mehr als das: 1972 trennt er sich vom Klima-Geschäft und übergibt es seinem ersten Mitarbeiter. Zu diesem Zeitpunkt produziert er längst in Issum. 1969 ist er dorthin ausgewichen, weil es in Kamp für ihn keinen passenden Baugrund gab.
Für den jungen Unternehmer stehen das Wachstum und der Erfolg seiner Firma im Mittelpunkt. Die Familie – 1962 wird Heiner, 1964 Thomas geboren – ist zwar auch gewachsen, doch Zeit für die Frau und Söhne ist knapp. „Urlaub? 14 Tage vom Betrieb weg sein? Unmöglich. Das geht nicht", sagt Hermann Ophardt rückblickend. Wenn der Sommerurlaub anstand, fuhr er mit der Familie etwa nach Langeoog, hing vielleicht ein oder zwei Tage dran, um dann wieder nach Issum zu fahren. Abgeholt hat er die Seinen dann zwei Wochen später wieder. „Ich war auch einer der ersten, die ein Autotelefon hatten. Das B-Netz war das damals noch", erinnert er sich.
Nur zwischen den Jahren, wenn es auch im Geschäft etwas ruhiger zuging, gönnte er sich Zeit mit der Familie beim Skifahren. Aber einfach so am Strand herumliegen kam – und kommt – für den Firmengründer nicht in Frage. Dafür ist er einfach zu gern aktiv.

„Ich habe am liebsten alles mit eigenen Leuten gemacht", sagt er. „Dann ist es gleich so, wie man sich das wünscht." Das Dach auf der Halle in Issum, wo er gerade sitzt, haben er und seine Söhne 1975 aufgestellt. Mit eigenen Architekten plant er Neubauten und Erweiterungen. Mittlerweile wird weltweit in 14 Hallen für Ophardt Hygiene produziert.
Das selbstbestimmte Handeln ist für Hermann Ophardt wichtig. Er schätzt das ehrliche Miteinander, den Abschluss per Handschlag. „Vertrauen und Verlässlichkeit sind die Pfeiler, auf denen unser Erfolg basiert." Das gilt für das Miteinander im unternehmerischen Umfeld, aber auch für das eigene Unternehmen. „Ohne meine Familie, ohne meine Mitarbeiter wäre ich heute nicht hier", sagt er und lässt den Blick durch den Raum schweifen.
Er selbst ist fast jeden Tag noch in der Firma – sein Haus steht vis-à-vis; oder in Duisburg, um bei Ophardt Maritim nach dem rechten zu sehen; oder in Israel, wo er vier Startup-Unternehmen aktiv begleitet. „Ein Hobby? Brauche ich nicht", sagt er. Lieber entwickelt und plant er. Außerdem verbringt er natürlich Zeit mit seiner Frau, für die vieles nicht mehr so einfach von der Hand geht, sowie mit den sieben Enkeln. Dass Hermann Ophardt so viel Energie verspürt und versprüht, liegt sicher auch an seinem Glauben. „Es ist ein Geschenk Gottes, dass ich das alles machen darf", sagt er. Für ihn ist es sogar ein wenig mehr als nur ein Geschenk, er sieht es als Verpflichtung. Und dann zitiert er aus dem Evangelium des Lukas': „Wem viel gegeben ist, bei dem wird man viel suchen; und wem viel anvertraut ist, von dem wird man umso mehr fordern." Die Bibel, sagt er, „ist das Handbuch zum Betrieb des Menschen".

(Von links): Lutz, Dieter und Volker Riehemann.

Urgesteine der Reinigungsbranche: Dieter Riehemann

„Von nix kommt nix"

Es sind zwei Entwicklungen, die 1971 dazu führen, dass Dieter Riehemann sein Glück als selbstständiger Kaufmann in der Reinigungsbranche versucht. Zum einen bietet sich für ihn die Möglichkeit, Händler für einen Maschinenhersteller zu werden, zum anderen ist er sich sicher, dass er als Unternehmer Erfolg haben wird. Und dafür geht er einen Schritt nach dem anderen. Konsequent.

Die Branche kennt der 27-Jährige zu diesem Zeitpunkt bereits. „Auch wenn in unserer Familie niemand etwas mit Reinigung zu tun hatte“, blickt Dieter Riehemann zurück. Geboren am 26. Juni 1944 in Hollage als ältestes von drei Kindern legt er die Mittlere Reife an einer Handelsschule ab und lernt anschließend Kaufmann in Osnabrück. Seine Ausbildung absolviert er in einem Wein- und Spirituosenhandel. Drei Jahre bleibt er danach bei seinem Lehrherrn, arbeitet im Verkauf. Dann ruft ihn der Wehrdienst, anderthalb Jahre ist er beim Grenzschutz an der innerdeutschen Grenze.

Während Dieter Riehemann zurückblickt und die Gedanken schweifen lässt, kommt sein Sohn Lutz ins Büro, winkt durch die Glastür. Er und sein Bruder Volker haben ihre Arbeitsplätze direkt nebenan, führen gemeinsam mit ihrem Vater das Unternehmen. Sie sind nicht die einzigen Familienmitglieder, die für die Riehemann Reinigungstechnik OHG arbeiten.

Nach seiner Rückkehr vom Wehrdienst kehrt er zurück ins Osnabrücker Land, bewirbt sich bei Melitta und arbeitet für den Kaffeeproduzenten im Außendienst. 1968 wechselt er, geht zur Werner & Mertz GmbH nach Mainz, zu „Erdal“. Er ist 24 Jahre alt, als er zum ersten Mal mit der Reinigungsbranche zusammentrifft. „Ich habe mich ganz einfach auf eine Anzeige beworben“, berichtet er. Einer der Gründe für den Wechsel an den Rhein: „Ich wollte aus dem Konsumerbereich herauskommen und mehr Erfahrungen in anderen Segmenten sammeln.“ Und Erdal sucht zu dem Zeitpunkt Außendienstler für die Betreuung von Großverbrauchern. „Das sagte mir mehr zu.“

Dieter Riehemann lächelt. „Außer Schuhcreme mit dem Erdal-Frosch kannte ich nichts aus deren Sortiment“, sagt er. Der Wechsel in die Reinigungsbranche ist daher rein zufällig. „Noch bei der Bewerbung hatte ich nicht gewusst, dass es um Reinigungsmittel gehen würde.“ Er pausiert kurz: „Es war ein Zufall. Ein glücklicher Zufall!“ Sein Lächeln wird breiter.
Als Verkäufer kennt er das Osnabrücker Land bereits. Jetzt bearbeitet er es für Erdal. „Ich war im Grunde einer der erste Außendienstler hier im Norden.“ Als er die Stelle antritt, liegt der Umsatz in seiner Region im vierstelligen Bereich, die Zahl der Kunden ist überschaubar. „Das Unternehmen war im Umbruch, der Vertrieb für die Großverbraucher wurde erst richtig aufgebaut“, erinnert er sich. Dieter Riehemann nutzt seine Chance. Er arbeitet und hängt sich rein: In drei Jahren kurbelt er den Umsatz auf sechsstellige Werte an.

1971 ist das Jahr der Entscheidungen, doch die Weichen werden schon vorher gestellt. Während seiner Tätigkeit für die Werner & Mertz GmbH lernt er den regionalen Handelsvertreter von Sorma kennen. „Damals mit die größte deutsche Firma, wenn es um Reinigungsmaschinen ging.“ Sie arbeiten häufig zusammen. „Und dann sollte das Gebiet meines Kollegen geteilt werden.“ Bei Werner & Mertz laufen zur gleichen Zeit die Pläne, für die Belieferung von Großkunden ein eigenes Unternehmen zu gründen: Die Tana Chemie GmbH wird 1971 aus der Taufe gehoben. „Es war wieder eine Phase des Umbruchs, und ich habe meine Chance erkannt.“ Am 1. Oktober 1971 macht sich Dieter Riehemann selbstständig, wird Handelsvertreter von Sorma. „Es war eine reine Kopfentscheidung“, resümiert er zurückblickend. Er nimmt einen Schluck Kaffee. „Gut möglich, dass es Melitta-Kaffee ist“, sagt er und blickt auf. Dieter Riehemann ist Kaufmann. Seine Entscheidungen sind nicht persönlich gefärbt, sondern folgen einem klaren Ziel. Sowohl zu Melitta als auch zu Tana pflegt er positive

(Von links): Dieter, Volker, Lutz und Marianne Riehemann, Esther Franz (geb. Riehemann) und Christina Riehemann.

Verbindung, da ist nichts „übrig geblieben". Er will damals lediglich vorankommen. Und er braucht dafür seine ganze Kraft. Vor allem nach 1971.
Das Gebiet, das er für Sorma bearbeitet, reicht von Osnabrück bis zur Nordsee. Wilhelmshaven, Bremen und Ostfriesland gehören dazu. Nur wenig später erweitert er das Maschinen-Sortiment um Reinigungschemie: Dreiturm ist auf der Suche nach einem Handelsvertreter und Dieter Riehemann nutzt auch diese Chance. Zudem holt er sich begleitende Produkte dazu – etwa für die Glasreinigung. Allein ist das nicht zu stemmen. Während er unterwegs ist und Kunden besucht, sitzt Marianne Riehemann zu Hause und kümmert sich um die komplette Verwaltung sowie das Telefon. „Ich war ja immer auf Achse." Geheiratet haben Marianne und Dieter Riehemann auch 1971. Nicht nur das: Vorher bauen sie noch gemeinsam am eigenen Haus und ziehen im selben Jahr ein. „Nur ein Vierteljahr später habe ich mich selbstständig gemacht."

Doch 1971 ist für Dieter Riehemann noch aus einem anderen Grund ein anstrengendes Jahr. Immer wieder plagen ihn Schmerzen, und dann steht die Diagnose fest: chronische Polyarthritis – eine entzündliche Gelenkerkrankung, bei der mehrere Gelenke betroffen sind. „Aufgeben oder weitermachen?" Die Frage stellt sich ihm nicht nur einmal. Doch Marianne stärkt ihm den Rücken. Und nach einem Vierteljahr Selbstständigkeit merkt er, dass es klappt, auch wenn es schwerfällt. Zumal er bald schon mehr Verantwortung trägt: Nicht nur das Unternehmen, auch die Familie wächst. 1973 kommen die Zwillinge Christina und Volker zur Welt, acht Jahre später sind es wieder zweieiige Zwillinge: Esther und Lutz.
„Es wäre sicher einfacher gewesen und manches wäre bestimmt schneller gegangen." Mehr sagt Dieter Riehemann nicht über seine Erkrankung und deren Auswirkung. Er klagt nicht.

In den ersten Jahren arbeitet Dieter Riehemann aus der eigenen Garage heraus. Ein großes Lager braucht er als Handelsvertreter nicht. Nach und nach wächst der Handel, die Kunden nehmen zu. Das bei Werner & Mertz erworbene Grundwissen hilft ihm anfangs dabei, „draußen zu bestehen", erinnert er sich. „Die Ausbildung war sehr gut."

Langsam werden Garage und Wohnhaus zu klein. 1984 der nächste Schritt: Riehemann siedelt ins Gewerbegebiet. Die ersten Mitarbeiter kommen hinzu. Ende der 1980er-Jahre stößt er zu Mobiloclean. „Das war im Grunde genommen eine Gründung von früheren Sorma-Handelsvertretern." Zwei der Ziele: bessere Konditionen beim Einkauf und mehr Sicherheit durch Partnerschaft.

Schon vorher erkennt Dieter Riehemann, dass zu viel Abhängigkeit von einem Produzenten nicht im Sinne eines guten Kundenservices ist. „Wenn Kunden etwas wünschen, dann möchte ich ihnen das auch bieten." Selbst wenn er bei seinen damaligen Handelspartnern vielleicht nicht auf Beifall stößt, der Kaufmann holt sich weitere Anbieter ins Boot. Er importiert Maschinen von Numatic aus England, von Windsor aus den USA, Hitachi aus Japan und nimmt später auch Sauger von Sebo ins Programm. Sein Credo ist einfach, aber bestimmt: „Ich möchte, dass meine Kunden bei mir bleiben und bei mir kaufen." Nach diesem Kriterium richtet er sein Unternehmen konsequent aus.

Dieter Riehemann.

„Die 70er-Jahre waren sehr arbeitsintensiv", gibt er rückblickend zu. Urlaub? „Wenig bis gar nicht!" Aber an den Wochenenden steht die Familie an erster Stelle. „Ich habe es zumindest versucht.". Doch ob das gelungen ist, mag er nicht zu sagen. Denn er weiß: „Von nix kommt nix."

Falsch gewesen scheint es nicht. Alle vier Kinder arbeiten im Unternehmen. Die beiden Söhne Volker und Lutz sind mittlerweile Mitglieder der Geschäftsführung, Dieter Riehemann zieht sich langsam aus dem aktiven Geschäft zurück. Dass die Riehemann Reinigungstechnik OHG ein echtes Familienunternehmen ist, zeigt sich auch daran, dass Dieter Riehemanns Geschwister Raimund und Ursula ebenfalls mitarbeiten. „Und mein Neffe kümmert sich mit seiner Firma um unsere EDV."

Marianne und Dieter Riehemann kümmern sich derweil häufiger um ihr Wohlergehen. Zur Erholung und zum Sonne tanken geht es an die Costa Blanca ans Mittelmeer – und zwar unbesorgt. „Meine Söhne machen das schon", ist sich der Firmengründer sicher.

Uwe Rütjes – Schneidereit

Die Gelegenheit beim Schopf gepackt

Uwe Rütjes führt seit mehr als zehn Jahren den Waschmaschinen- und Zeiterfassungsspezialisten Schneidereit. Dass der gebürtige Kölner das 60 Jahre alte Unternehmen leitet, hat viel mit Leistung, mit Können, aber auch ein bisschen mit Glück zu tun. Das verrät er am Besprechungstisch in seinem Büro im Gespräch mit Reinigungs Markt-Herausgeber Reinhard Knittler, Reinigungs Markt-Geschäftsführer Daniel Knittler und Reinigungs Markt-Korrespondent Patrick Merck.

An der Wand in seinem Büro neben dem großen Fenster, das den Blick zu den Schreibtischen der Kundenbetreuung freigibt, hängen zwei Bilder. Beide zeigen Ikonen der Flugzeugindustrie: die Douglas DC-3 Dakota, die erstmals in den 1930er-Jahren gebaut wurde, und die als Super Constellation bekannte Lockheed L-1049. Für den Inhaber der Motorfluglizenz wäre es ein Traum, eine der beiden Maschinen einmal selbst zu steuern. Rein theoretisch wäre das sogar möglich. „Aber wirklich nur rein theoretisch", bekräftigt er. Lieber beschäftigt er sich mit Aufgaben oder Herausforderungen, die sich tatsächlich lösen oder erarbeiten lassen.
Am 21. Oktober 1960 kommt Uwe Rudolf-Hans Rütjes – die Zweitnamen setzen sich aus den Vornamen der beiden Großväter zusammen – im Herzen Kölns auf die Welt. Er ist der älteste von drei Geschwistern. Sein Bruder kommt sechs Jahre, seine Schwester acht Jahre später auf die Welt. Die Mutter kümmert sich um die drei Kinder, der Vater arbeitet bei der Bundesbahn und betreibt nebenberuflich einen Handel mit Möbeln. Uwe hilft seinem Vater bei Auslieferungen und geht ihm bei der Arbeit zu Hand. Auf diese Weise verdient er sich auch die ein oder andere Mark, mit der er seiner Leidenschaft nachgehen kann: Mit 14 Jahren lernt er Segelfliegen, macht den Flugschein. Mit 17 Jahren besteht er die Prüfung für die Motorfluglizenz – gut ein Jahr bevor er den Führerschein fürs Auto macht.
Mit dem Abschluss der Realschule hat der Domstädter genug von der Schulbank. „Da hatte ich keine Lust mehr drauf", sagt er mit rheinischem Akzent. Stattdessen entscheidet er sich als 16-Jähriger für eine Lehre zum Feingeräteelektroniker. Er absolviert sie an der Universität zu Köln im Physikalischen Institut. „Dort haben wir für Versuche oder Projekte Maschinen gebaut. Spannend war das", berichtet er. Im Anschluss an die Ausbildung geht er zurück zur Schule und erwirbt das Fachabitur.
Doch sein Vater stirbt unerwartet, und der 19-Jährige hat plötzlich eine Familie, um die er sich kümmern muss. Er ist der einzige mit Ausbildung und Führerschein, und damit der einzige, der für ein Zubrot sorgen kann. Er führt das Geschäft seines Vaters weiter, verdingt sich als Messebauer, um dann von der Bundeswehr eingezogen zu werden. Ursprünglich soll er seinen Dienst im Süden Bayerns bei den Fliegern antreten, schafft es aber aufgrund der familiären Situation in Köln bleiben zu dürfen. Auch wenn er kein sogenannter Heimschläfer ist, verlässt er die Kaserne nach Dienstschluss. Mit dem VW Käfer seines Opas macht er sich auf den Weg, um Geld zu verdienen und das Geschäft aufrecht zu erhalten. Er muss nur jeden Morgen beim Appell anwesend sein.
Auch nach dem Grundwehrdienst gilt seine Hauptsorge dem Geldverdienen für sich, seine Mutter und die Geschwister – zumindest bis diese allein zurechtkommen. Er arbeitet in einer Handelsvertretung für Möbel und spezialisiert sich auf Küchen. Als Projektleiter übernimmt er große Aufträge etwa zur Ausstattung von Wohnparks mit meist unterschiedlich gestalteten Küchen. „Da waren Objekte dabei, in denen es um mehr als 400 individuell geplante Einrichtungen ging", blickt er zurück. Dafür holt er sich Subunternehmer, plant und organisiert. Möglich werden diese großen Projekte aufgrund steuerlicher Vorteile, die allerdings sukzessive abgebaut werden. Dementsprechend wird auch die Auftragslage dünner, und der 22-Jährige steigt als Küchenverkäufer bei einem Filialisten ein.
Als der Regionalvertreter des Küchenherstellers Alno gut drei Jahre später in Rente geht, bewirbt sich Uwe Rütjes um den Posten. Seine Bewerbung landet wie die der anderen Interessierten bei einem Headhunter in Düsseldorf. Ein riesiges Büro, edel und teuer sei das gewesen, sagt Rütjes und fällt in seinen kölsche Dialekt. „Da jibt er mir ´ne Aschebecher un saacht, dat ich ihm den verkaufe soll. Er lacht. „Das hab ich dann gemacht." Er bekommt den Job. Es ist 1986.

Rausgeschmissen
Zehn Jahre ist er für die Alno Möbelwerke GmbH aus Pfullendorfer Unternehmen aktiv. Sein Vertriebsgebiet erstreckt sich von Köln aus, wo seine Basis ist, in östlicher Richtung – von der Eifel bis hinauf nach Aachen. Er zählt zu den Top 3 der 48 Verkäufer des Küchenherstellers und wird trotzdem 1996 vor die Tür gesetzt. „Rausgeschmissen haben die mich!", sagt er ohne negativen Unterton. „Das ist und war damit die einzige Stelle, bei der man mir gekündigt hat." Das Warum erklärt sich fast im gleichen Atemzug: Er hat immer lieber Aufträge als Besuchsberichte geschrieben. Seine Besuchsberichte erfüllen nicht die Erwartung des baden-württembergischen Küchenspezialisten. Seine Leidenschaft gilt dem Besuch von und dem Kontakt mit Kunden, weniger der schriftlichen Nachbereitung. Er nimmt es sportlich: „Alno hatte schon recht!"
Als begeisterter Mountainbikefahrer erfährt er von einer freien Vertriebsstelle bei einem Teilespezialisten. Sein Job lautet: Aufbau einer Marke für Bikes und Teile, inklusive Einkauf von benötigten Teilen in den USA und Taiwan. Dort verbringt er eine spannende Zeit zwischen Bike-Enthusiasten und Sportlern, bevor er wieder zur Küchenbranche zurückkehrt.
Der italienische Haushaltsgerätehersteller Merloni Elettrodomestici sucht einen Vertreter für Deutschland. Das Unternehmen ist von der Stückzahl her zu diesem Zeitpunkt die Nummer 2 in Europa und produziert in erster Linie weiße Ware für große Marken in Deutschland. Merloni führt die Marke Indesit in Deutschland ein. Die bekannte Marke soll auch in Deutschland gestärkt werden. Es geht um freistehende und formschöne Edelstahlgeräte. Gemeinsam mit Phillippe Castaignos, der im europäischen Vertrieb bei Merloni verantwortlich arbeitet, geht Rütjes dieses Vorhaben an.
„Das waren Nischenprodukte, für die wir viel durch Deutschland gereist sind – zu Kunden, Verbänden, auf Messen, um sie vorzustellen", sagt Rütjes, lehnt sich nach vorn, lächelt: „Und einer der Kunden war Schneidereit."
In dem Gespräch, das Castaignos und Rütjes Ende 2003 mit dem Unternehmensgründer Helmut Schneidereit und seinem Sohn Christian führen, geht es um eine mögliche Kooperation. Denn die 1957 gegründete Firma Schneidereit ist nicht nur Spezialistin für Waschmaschinen, sondern verkauft in ihren Filialen rund um Solingen Haushaltsgeräte und ist als möglicher Standort für Scholtès auserkoren. Doch das Gespräch ist keine 20 Minuten alt, da überrascht der Inhaber die beiden Vertriebler und bietet ihnen seine Geschäftsanteile an. Castaignos und Rütjes erkennen das Potenzial, das in dem kleinen Unternehmen unweit des Solinger Hauptbahnhofs steckt, und sagen kurz darauf zu.
Uwe Rütjes lacht und blickt sich in seinem Büro um. „Am 20. Dezember 2003 habe ich meinen IKEA-Schreibtisch hier ausgepackt und montiert." Außerdem strukturieren Castaignos und er das Unternehmen um: Der stationäre Handel in den Filialen wird eingestellt, stattdessen werden die Services rund um die Industrie-Waschmaschine erweitert. „Es gab zwar schon Waschmaschinen-Leasing, aber das befand sich in einem Dornröschenschlaf." Mit Castaignos und Rütjes sowie der Hilfe eines Unternehmensberaters aus Köln wird Schneidereit dann wachgeküsst: 2004 beträgt die Zahl der Mitarbeiter acht, fünf Jahre später bereits 52.
Die Rollenverteilung ist klar definiert: Rütjes verkauft, Castaignos entwickelt, und Sascha Wien kümmert sich um die OrganisationFinanzen des Unternehmens. Erst geht er dieser Tätigkeit als externer Mitarbeiter nach, 2005 dann fest: Aus dem Seniorberater der begleitenden Unternehmensberatung TMS wird der kaufmännische Leiter von Schneidereitund seit 2009 Mitgesellschafter. Es entsteht eine eigene Marke,

Uwe Rütjes mit einem der individuell konzipierten Waschmaschinen von Schneidereit.

Teile werden zugekauft oder für Schneidereit produziert und an der Kärntener Straße zusammengebaut. Besonderen Wert wird auf die Entwicklung und Fertigung der Hardware und Software gelegt.
Trotz all der Arbeit, die Rütjes in „sein Baby" steckt, behält sich der heute 56-Jährige seine Auszeiten, auch wenn er sie vielleicht gar nicht nötig hat. Zum einen mit seiner Familie in einem Teilort von Wermelskirchen 40 Autominuten von Solingen entfernt, zum anderen mit Sport. Sonntags ist er mit Weggefährten auf dem Fahrrad im Naturpark Bergisches Land unterwegs, ansonsten ist er häufig mit seiner Frau beim Mountainbiking anzutreffen. Urlaub gönnt sich die Familie, zu der er neben seinen beiden Töchtern auch die Tochter seiner Partnerin zählt, auch: Zum Skifahren geht es dann häufig nach Südtirol. Doch Rütjes trennt Familie und Berufliches bewusst. Auch das bietet ihm die Möglichkeit, den unternehmerischen Alltag hinter sich lassen, auch wenn er seinen Job liebt, wie er sagt.
Um diese Auszeiten unbesorgt nehmen zu können, hat der Geschäftsführer ein erfahrenes Team um sich geschart. Zu dem gehört seit 2012 neben Sascha Wien auch ein Vertreter des englischen Investors John Laithwaite, einem Pionier in Sachen Waschmaschinen-Services. Phillippe Castaignos hat sich zu diesem Zeitpunkt zurückgezogen, um näher bei seiner Familie in Frankreich zu sein.
„Als ich hier 2003 das erste Mal bei Schneidereit war, dachte ich, dass ein Mopp ein kleiner Hund ist", berichtet er mit einem breiten Lächeln über seinen Eintritt in die Welt der Reinigung. Heute muss ihm das keiner mehr erklären. „Wir sprechen Mopp", lautet dann auch ganz frech das Unternehmensmotto. „Ich kann hier meine Neugier und meinen Spaß verwirklichen", sagt er und verweist darauf, dass der Begriff „Spaß" sogar im Businessplan von 2004 explizit als Teil der Erfolgsstrategie genannt wird. „Das hat zwar für Kopfschütteln bei den Banken gesorgt, aber das war mir egal." Auch diese Haltung passt zu einem Lebensmotto. „Alle sagten: Das geht nicht. Dann kam einer, der das nicht wusste und hat's gemacht."

Urgesteine der Reinigungsbranche: Giancarlo Ruffo

Von null auf 400 Mitarbeiter in knapp 40 Jahren

Es ist ein bewegtes Leben, auf das Giancarlo Ruffo zurückschauen darf. Geboren am 1. Mai 1940, kurz bevor das damalige Königreich Italien in den 2. Weltkrieg einstieg, erlebt er als Kind in Zevio nahe Verona Armut und Perspektivlosigkeit. „Meine Eltern waren arm“, gibt der Geschäftsführende Gesellschafter der Comac-Gruppe heute unumwunden zu. „Sie waren einfache Feldarbeiter.“ Und das hätte eigentlich auch seine berufliche Zukunft sein sollen. Doch anstatt einfach in die Fußstapfen seines Vaters zu treten, nahm der Junge seine Zukunft selbst in die Hand. Und das bereits als Kind.

1949 drückte Giancarlo zum letzten Mal in seinem Leben die Schulbank. Sein Vater beschied ihm: „In der Schule lernst Du nichts, was Du zum Leben brauchst." Stattdessen musste der Neunjährige als Feldarbeiter zum Einkommen der fünfköpfigen Familie beisteuern. Aus heutiger Sicht unvorstellbar, doch damals keine Besonderheit: „Kinderarbeit war normal. Die Schulpflicht endete mit dem zehnten Lebensjahr", resümiert der Unternehmer. Er lächelt still, um dann fortzuführen. „Geschadet hat es mir nicht." Doch soweit, auch seine eigenen Söhne mit zehn Jahren von der Schule zu nehmen, ist er nicht gegangen. Giampaolo und Massimiliano haben nicht nur die Schule abgeschlossen, sondern auch studiert. „Das war mir wichtig!", sagt er ernst.
Dass die Feldarbeit keine Perspektive besaß, war dem Jungen rasch klar. Mit 12 Jahren, da war er seit drei Jahren Erntehelfer und Hilfskraft, reifte die Erkenntnis in ihm, dass er so nicht leben möchte. Seine Begeisterung für Maschinen und Motoren war schon vorher geweckt worden. Die daraus resultierende Entscheidung: „Ich will Mechaniker werden!" Und so begann er, bei der Reparatur von Maschinen mitzuhelfen, eignete sich das notwendige Wissen durch Engagement und Willensstärke selbst an. Das zahlte sich aus: Die italienische Niederlassung des deutschen Traktorherstellers Fahr wurde auf den jungen Mechaniker aufmerksam und stellte ihn ein.

Acht Jahre verbrachte er in Diensten Fahrs und lernte dabei nicht nur, wie Traktoren zu reparieren waren, sondern auch sie zu vermarkten. Nachdem er seinen Führerschein gemacht hatte, wurde er von Fahr quer durch Italien geschickt, um Maschinen wiederherzustellen und die Verkaufsaktivitäten anzukurbeln. Das geschah meist an Wochenenden: Da besuchte er Landwirtschaftsschauen und Kirchenfeste auf dem Land, um die Maschinen zu zeigen und anzubieten.
„Eine schöne Zeit", bilanziert Giancarlo Ruffo. Eine Kirmes im Sommer 1960 steht dabei sicherlich im Mittelpunkt seiner persönlichen Rückschau. „Da habe ich Odila kennengelernt", schwärmt er. Zwei Jahre später ist sie seine Frau, und sie ziehen zusammen. Bis dahin lebt er bescheiden bei seinen Eltern.

Trotz seines Erfolges als Verkäufer verdiente der angelernte Mechaniker Giancarlo Ruffo recht wenig, denn die Provision war marginal und das Grundgehalt niedrig. Es war insgesamt zu wenig für eine wachsende Familie, wie seine Frau feststellte. „Mach etwas Gescheites", forderte sie ihn auf. Dabei hatte er sich bereits ein wenig verbessert: Er arbeitete seit Anfang der 1960er-Jahre für einen nationalen Schmierstoff- und Ölvertrieb.
Da traf es sich gut, dass die Hako-Werke einen Vertriebsleiter mit technischer Erfahrung für Verona und Umgebung suchten. Das Unternehmen aus Bad Oldesloe war zu dieser Zeit noch auf Motorhacken spezialisiert, so dass Ruffos landwirtschaftliches Know-how zum Tragen kam. Im November 1965 unterzeichnete er den Anstellungsvertrag, der zwar ein geringes Monatsgehalt vorsah, aber eine höhere Provision bei Verkäufen. So wie es der junge Familienvater wollte.
„Verkaufen kann ich", sagt er mit einem schelmischen Lachen und nippt an einem Espresso. „Drei Prozent Provision habe ich damals herausgeschlagen und dafür auf ein höheres Grundeinkommen verzichtet." Ein cleverer Schachzug: Allein von November bis März 1966 verkauft er mehr Maschinen als alle Vertriebskollegen zusammen.
Anlässlich einer großen Landwirtschaftsmesse im Frühjahr 1966 kam Tyll Necker, einer der Geschäftsführer und Gesellschafter der Hako-Werke, zu Besuch an den Stand, um sich über das Italien-Geschäft zu informieren. Dabei wurden er und Italien-Vertriebsleiter Hans Höchel von Giancarlo Ruffo aus dem Besprechungszim-

Patrick Merck (links) im Interview mit Giancarlo Ruffo.

mer komplimentiert. Der Verkäufer hatte einen Interessenten gewonnen und wollte mit diesem ungestört reden. Dass er seinen Chef des Raumes verwiesen hatte, wurde ihm erst hinterher klar. Doch Kritik musste er keine einstecken.
Tyll Necker und er wurden Partner und Freunde. Dem Unternehmer aus Holstein gefielen das Engagement und die Zuverlässigkeit des Italieners. Fortan durfte Ruffo für Hako in ganz Italien tätig werden. Mit Folgen für seine Familie: Meist war er zwei oder drei Wochen am Stück unterwegs, um dann ein Wochenende mit Odila und den beiden Söhnen zu verbringen. Gemeinsame Urlaube gab es nicht.

Seinen ersten eigenen Urlaub erlebt Giancarlo Ruffo 1967, „wenn man das so sagen darf". Da ist er bei Hako eingeladen und erstmals außerhalb von Italien.
Die Reise nach Bad Oldesloe markiert einen Wendepunkt. Es ist das Jahr des Hamsters, der ersten Kehrmaschine von Hako. Giancarlo Ruffo findet sie sehr interessant, doch für den italienischen Markt ist der Hamster gar nicht gedacht. „Italien ist viel zu schmutzig, da gibt es gar keinen Markt dafür" war die Meinung von Tyll Necker damals. Für den Vertriebsprofi ist das eher eine Herausforderung: Binnen einer Woche hat er vier Geräte, die er sich nach Italien hat schicken lassen, verkauft. Und das ist erst der Anfang. „Innerhalb von zwei Jahren habe ich 50 Prozent der kompletten Hamsterproduktion aus Bad Oldesloe in Italien verkauft", erinnert sich Ruffo.

Ein weiterer Wendepunkt schließt sich wenige Jahre später an: Weil immer häufiger auch Scheuersaugmaschinen nachgefragt werden, und Hako nicht in dieses Geschäft einsteigen wollte, kommen Ruffo und ein langjähriger Freund auf die Idee, selber in die Produktion einzusteigen und die Maschinen über Hako zu verkaufen. „Natürlich war das ein bisschen schwierig, da ich ja Mitarbeiter von Hako war und nicht als Konkurrent auftreten durfte", sagt Ruffo heute. Daher taucht sein Name in den ersten Jahren nicht auf. Der Plan auch an Hako Maschinen zu verkaufen geht nur zur Hälfte auf: Denn die 1974 gegründete Comac produziert zwar mit der E40 eine Maschine für Hako in deren Design, aber Hako signalisiert zuerst kein Interesse an der Maschine. Das ist der Startschuss für Domenico Accadia, Giancarlo Ruffo und – ebenfalls ohne namentlich in Erscheinung zu treten – Hans Höchel. Comac präsentiert sich auf dem Markt – auch als Mitbewerber zu Hako. Als dann Hako sich entschloss doch in den Markt von Reinigungsmaschinen einzusteigen, waren die ersten Maschinen von Comac produziert.

Giancarlo Ruffo arbeitete bis 1980 parallel für Comac und Hako, danach widmet er sich ausschließlich seinem eigenen Unternehmen. In diesem Jahr nimmt er sich auch erstmals frei und fährt mit seiner Familie in den Urlaub. Seine Priorität gilt dem Unternehmen, aber er macht es auch, um für seine Familie sorgen zu können. Das hat ihm die eigene Geschichte gelehrt. Und er weiß: „Ohne den Rückhalt und das Verständnis meiner Frau wäre ich nie soweit gekommen!"

In einigen Ländern wie beispielsweise Frankreich wurde Comac von Henkel vertrieben und um im Zuge der zunehmenden Globalisierung besser gewappnet zu sein, wurde die damalige Henkel, dann Henkel-Ecolab als Gesellschafter zu 33 Prozent ins Boot geholt. Ein kluger Schritt, wie sich dann herausstellte, da das junge Unternehmen Comac in Punkto Strukturen und Management viel von Henkel-Ecolab gelernt hat.

Von seinem Großvater hatte Giancarlo Ruffo mitbekommen: „Es ist besser, wenn man auf zwei Beinen steht." Gemeinsam seinen Partnern gründete er daher 1988 die Fimap, ein mittlerweile sehr florierendes hundertprozentiges Tochterunternehmen der Comac-Gruppe. In den Jahren kommt noch die Ruffo srl und die TMB dazu, diese beiden Firmen bauen für die Gruppe Sauger, Einscheiben- und High-Speed-Maschinen. Mit Stolz berichtet Ruffo, dass heute nicht eine Maschine aus der Comac-Gruppe nicht selbst entwickelt und produziert wird. Eine Besonderheit in der Herstellerlandschaft.

Es kommen herausfordernde Zeiten auf den jungen Unternehmer zu, als er zur Überzeugung kommt dass er die Comac zurückführen will zu einem inhabergeführten Familienunternehmen. Er will die Geschäftsanteile der beiden Mitgesellschafter ausbezahlen, um nicht von anderen abhängig zu werden. „Eine aufregende Zeit", sagt Ruffo heute über die Jahre zwischen 2002 und 2003, in denen die Verteilung der Gesellschaftsanteile und Verhandlungen mit Banken im Mittelpunkt standen, und dazu führten, dass die Familie Ruffo die Anteile von Ecolab und von Domenico Accadia wieder zurückführte.

Mittlerweile ist dahingehend Ruhe eingekehrt. Seine beiden Söhne Giampaolo und Massimiliano sind in die Führung der Gruppe integriert, und die Geschäftsanteile komplett in der Hand der Familie.

Ausruhen ist für den 1940 geborenen Unternehmensgründer allerdings ein Fremdwort. Montags bis Freitags ist er immer noch von viertel nach acht bis 17 Uhr in der Firma, das Wochenende gehören dem Wein und der Kirche: Um sich einen Ausgleich zu schaffen, hatte er ein Weingut gekauft. In den Reben fühlt er sich wohl, da entspannen er und seine Frau Odila, holen sich Kraft. Gleiches gilt für den sonntäglichen Kirchgang. „Der gehört dazu!"

Ans Aufhören denkt Giancarlo Ruffo nicht. Er blickt zufrieden auf: „Gott sei Dank darf ich noch arbeiten!"

Giancarlo Ruffo zeigte im Gespräch viele Bilder aus seinem Leben.

Urgesteine der Reinigungsbranche: Theo Sausen

„Wasserkraft als Werkzeug für eine saubere Umwelt“

Bevor Theo Sausen Anfang 1986 zur Woma in Duisburg kam, hatte er schon eine weit gefächerte Berufslaufbahn mit nationalen und internationalen Geschäftsführungs-Funktionen. Darüber und über sein Privatleben möchte er sich für diesen Bericht nicht äußern. „Unterhalten wir uns und berichten Sie über die Woma; die gehört zur Reinigungstechnik.“

Die Geschichte der Woma begann informell in der Mitte der 1950er-Jahre. Wolfgang Maasberg ersann und baute im Handelsunternehmen seines Vaters in Duisburg die ersten Hochdruck-Wasserstrahlgeräte und schuf darin die Abteilung Woma. Bekannt geblieben ist das erste gewerblich einsetzbare mobile Hochdruckwasser-Strahlgerät mit 60 bar und 120 Liter pro Minute mit Namen Woma-Atülag aus dem Jahre 1959. „Duisburger Verfahren" nannte man das damals neue Hochdruckwasser-Strahlen zur Kanalreinigung. Die Woma hatte ihren amtlich bescheinigten Betriebsbeginn zum 1. Juli 1962. Nach einer erfolgreichen Unternehmensentwicklung mit schnell wachsenden Drücken und ständig zunehmenden Anwendungen wurde Woma Mitte 1985 an die Flow-Gruppe, Seattle/USA, verkauft, dem Produkt- und Marktführer in der Ultra-Hochdruck-Wasserstrahl-Schneidtechnik mit Druckübersetzern.

Flow suchte einen Geschäftsführer, der einschlägige Berufserfahrung in amerikanischen Firmen in Deutschland hatte. Über Berater kam man auf Theo Sausen, der damals für einen größeren US-amerikanischen Konzern geschäftsführend in Deutschland, Frankreich und Italien tätig war und US-Integrations- und Sanierungserfahrung hatte.

Flow bestellte Theo Sausen ab dem 1. März 1986 zum Geschäftsführer der Woma. Da die zwischen Flow und Woma angedachten Synergien nicht umgesetzt werden konnten, erhielt Theo Sausen 1988 die Möglichkeit, die Woma als Management Buy-out (MBO) zu erwerben. „Diese Chance habe ich genutzt und das Unternehmen mit meiner Frau und Finanz-Investoren erworben. Dies war einer der ersten MBO in Deutschland."

Seitdem leitete Theo Sausen die Woma bis 2011 durchgängig als alleiniger geschäftsführender Gesellschafter. In seinem Führungsstil war er jedoch kooperativ und moderierend; er wollte seine Firmenangehörigen soweit wie möglich mitnehmen. Konzepte und Entscheidungen wurden in der Regel im Führungskreis mit den funktionalen Fachleuten erarbeitet.

Spitzentechnologie für Marktnischen weltweit vermarkten

Woma hat die Hochdruckwasserstrahl-Technologie mit Pumpen ständig weiterentwickelt, beginnend mit Betriebsüberdrücken von 60 bar bis heute 4.000 bar, ein technologischer Quantensprung. Woma war Pionier in dieser Technik und blieb bis heute einer ihrer Marktführer in der Welt. Woma bietet ökologische und ökonomische Lösungen zum Abbrechen, Dekontaminieren, Entlacken, Entschichten, Reinigen, Schneiden und zur Untergrundvorbereitung in allen Industrie- und Gewerbezweigen. Dabei war Woma immer international ausgerichtet, Zug um Zug mit Tochtergesellschaften in Australien, Belgien, Brasilien, China, England, Mexiko, Österreich (für Osteuropa), Singapur, Spanien und USA sowie Eigenhändlern oder Vertretungen für weitere rund 80 Länder. Durchgängig werden rund 80 Prozent der Woma-Erzeugnisse exportiert. Im Stammhaus in Rheinhausen sind Menschen aus 18 Nationen tätig. Internationalität mit Tätigkeiten in der gesamten Welt gestaltete Theo Sausen gerne. Für ihn ist Export nicht nur Produkt-Verkauf ins Ausland, sondern durch die dabei entstehende Kommunikation auch ein wesentlicher Beitrag zur Völkerverständigung. Verbindungen und Freundschaften ins Ausland zu knüpfen, das war ihm, der als Kind die Bombardierungen und Beschüsse im 2. Weltkrieg und die anschließende Invasion der Amerikaner ins Rheinland erlebt hat, stets sehr wichtig.

Unternehmerische Nachfolge zur Zukunftssicherung: Integration in die Kärcher-Gruppe

Nach rund 25 Jahren Geschäftsführung in diesem stets spannenden Unternehmen stellte sich für Theo Sausen die Frage der unternehmerischen Nachfolge. Dies ist für einen Unternehmer am Ende seines Berufslebens das schwierigste Unterfangen. Zu seinem Nachfolger als Geschäftsführer stellte er Jochen Trautmann ein, beginnend als Bereichsleiter Marketing-Vertrieb ab September 2009 und stellvertretender Geschäftsführer ab September 2010. Nun galt es noch, die Gesellschafter-Nachfolge sicherzustellen. Schon lange hatte Theo Sausen die Kärcher-Gruppe für Woma im Sinn. Mit Kärcher konnte er sich die Zukunftssicherung und das Wachstum "seines" Unternehmens nach seiner Zeit vorstellen. Kärcher ist mit dem Erwerb der Anteilsmehrheit ab 1. April 2011 aktiv in das Woma-Leben eingetreten. Mit Kärcher erfolgte eine Erweiterung der Geschäftsführung: Markus Asch, der stellvertretende Vorsitzende der Kärcher-Geschäftsführung, kam in die Geschäftsführung der Woma, ein starker Ausdruck dafür, wie wichtig Kärcher von Beginn an die Eingliederung der Woma in die Kärcher-Gruppe genommen hat. Aus der Woma wurde der schon von Theo Sausen ernannte Stellvertreter Jochen Trautmann ebenfalls Geschäftsführer. Theo Sausen blieb für den geplanten Zeitraum von rund zwei Jahren Mitgesellschafter und Vorsitzender der Geschäftsführung. Mit Kärcher wurde eine intensive, vertrauensbildende Zusammenarbeit zwischen vielen Firmenangehörigen von Kärcher und Woma in allen Bereichen und Funktionen entwickelt mit dem Ziel der bestmöglichen Integration der Woma in die ebenfalls weltweit tätige Kärcher-Gruppe. Nach den positiven Erfahrungen aus dieser Zusammenarbeit, die schon nach einer kurzen Zeit des vorsichtigen aneinander Gewöhnens von gegenseitiger freundschaftlicher Wertschätzung getragen wurde, ist man heute in beiden Firmen auf allen Ebenen davon überzeugt, dass dieses Zusammengehen richtig ist und nachhaltigen gemeinsamen Erfolg haben wird.

„Es reicht nicht, wenn nur die Inhaber und Geschäftsführer ein Zusammengehen wollen. Zum Gelingen muss es von allen Firmenangehörigen mitgetragen werden.“ Dabei war es vertrauensbildend und motivierend, dass nicht nur alle Arbeitsplätze weitergeführt wurden, sondern auch neue hinzukamen.

Theo Sausen (Mitte) gemeinsam mit Markus Asch (links) und Jochen Trautmann (rechts).

Am 6. Juli 2012 wurde das 50-jährige Jubiläum in einem großen integrativen Fest auf dem Firmengelände gefeiert.

Im Frühjahr 2013 verkauften Theo Sausen und seine Frau planmäßig und vertragsgemäß ihre noch bei ihnen verbliebenen GmbH-Geschäftsanteile an Kärcher. Theo Sausen ging nach 27 Jahren planmäßig aus der Geschäftsführung in den beruflichen Ruhestand. Damit wurde die sukzessive harmonische Integration der Woma in die Kärcher-Gruppe vollendet.

„Eine bessere Lösung für die Woma hätte ich nicht finden können." Davon ist Theo Sausen auch noch rückblickend überzeugt. Die goldene Ehrennadel von Kärcher trägt er neben der Woma-Welle am Revers. Den weiter für Woma wirkenden Geschäftsführern Markus Asch und Jochen Trautmann wünscht er den bestmöglichen Erfolg.

Selbstverständlich für Theo Sausen war es, sich auch außerhalb des Unternehmens ehrenamtlich und für Gemeinschaftsaufgaben zu engagieren: im Vorstand des Unternehmerverbandes Ruhr-Niederrhein Duisburg, als Vorsitzender des Außenwirtschafts-Ausschusses und Mitglied der Vollversammlung der IHK Duisburg, im DIHK-Außenwirtschafts-Ausschuss Berlin und im Präsidium der Deutschen Asia Pacific Gesellschaft in Köln. Diese Ehrenämter hat er im Laufe dieses Jahres niedergelegt. 1991 wurde er Gründungs-Vorstand des Fachverbandes Reinigungs-Systeme im VDMA. In diesem Amt war er bis zu seinem Rücktritt in der Mitglieder-Versammlung im Juni 2013 tätig. In seinem Amt als Handelsrichter am Landgericht Duisburg wollte er jedoch bis zum Ende der laufenden Bestellungsperiode 2016 aktiv bleiben.

Dr. Wolfgang Schnell geht früh seinen eigenen Weg – und diesen mit Erfolg

Ein Schicksalsschlag als Startimpuls

Ans Aufhören denkt Dr. Wolfgang Schnell noch lange nicht. Zwar hat der Unternehmer, der im April 2017 seinen 74. Geburtstag beging, ein bisschen zurückgesteckt und gönnt sich Auszeiten. Doch die Füße hochlegen und zufrieden auf sein Lebenswerk schauen, davon ist der Chemiker weit entfernt. „Es gibt immer noch etwas zu tun“, sagt er im Gespräch mit Reinigungs Markt-Herausgeber Reinhard Knittler und Reinigungs Markt-Korrespondent Patrick Merck im Schulungszentrum der Dr. Schnell GmbH. Und die Erfahrung und Kenntnisse des Fachmanns sind weiterhin gefragt.

Den Schritt vom Studenten zum Unternehmer hat Wolfgang Schnell früher als geplant gemacht. Er ist 20 Jahre alt, gerade im zweiten Semester des Chemie-Studiums an der TH München, da stirbt sein Vater mit 54 Jahren unerwartet. Nicht nur die Seifensiederei, die sein Vater geführt hat, steht 1963 auf dem Spiel, sondern auch das Wohlergehen seiner Mutter und älteren Schwester. Familie und Unternehmen sind eins. Karl, der jüngere Bruder des Vaters und Jurist, empfiehlt den Verkauf, doch für Wolfgang Schnell ist das keine Option. Er will das Unternehmen, das David Schnell einst 1830 übernahm und mit seinem Nachnamen verband, weiterführen.

Neben dem privaten Schock, dass der Mensch Dr. Josef Schnell Jr. plötzlich fehlt, kommt ein zweiter: die Bayerische Hypothekenbank fordert einen Kredit über 150.000 Mark zurück. Viel zu tun für einen jungen Mann, der nach damaliger Rechtslage mit 20 Jahren noch nicht volljährig war. „Das packen wir", verspricht er seiner Mutter. Noch in der Woche nach dem Tod des Vaters besucht er alle Kunden, um die weitere Belieferung zu garantieren. Zudem verhandelt mit dem Münchener Bankhaus Reuschel – heute die Privatbank Donner & Reuschel – über eine Ablösung des Kredits. Und hat Erfolg.

Dr. Wolfgang Schnell lächelt. „Dort hat man mir tatsächlich zugetraut, die Kurve zu kriegen!", sagt er in Erinnerung an diese turbulenten Zeiten. Zumal sein Leben bis zu diesem Zeitpunkt recht ruhig verlief: „Meine Schwester und ich sind in und mit der Seifensiederei aufgewachsen." Die Münchener Seifenfabrik" sowie die Natur waren ihr Spielplatz: „Es war ansonsten völlig einsam mit drumherum wogenden Weizenfeldern", lässt er Bilder auferstehen. Andere Familien, andere Kinder oder überhaupt eine Nachbarschaft gab es nicht. Milbertshofen im Norden Münchens gelegen ist zwar verwaltungspolitisch Teil der wachsenden Großstadt, aber ländlich geprägt. „Hier war absolute Prärie!" Heute ist der Stadtteil längst in München aufgegangen. Rund um das Firmengelände dominieren mehrstöckige Häuser und Schornsteine. BMW und viele internationale Automobilzulieferer sowie das Modebusiness prägen die Gegend um den Frankfurter Ring. Vieles ist neu, auch auf dem Firmengelände der einstigen Seifensiederei hat sich viel getan, aber den Standort gibt es seit 90 Jahren. So lange schon wird hier im Namen der Familie Schnell produziert. Heute sind es Reinigungslösungen für unterschiedliche Branchen, in den Anfangsjahren und bis in die 1950er-Jahre sind es Schmier- und Kernseifen, Seifenflocken und handgerührtes Waschpulver.

Das Geburtsjahr von Dr. Wolfgang Schnell ist durch den Krieg geprägt, und München ein gefährlicher Ort für eine Familie. Während sein Vater Dr. Josef Schnell Jr. in der Stadt bleibt, als technischer Leiter der optischen Werke München, werden seine Frau und Tochter ausquartiert. Am 27. April 1943 kommt Wolfgang Schnell in Vilshofen an der Vils zur Welt. Vier Jahre später ist die Familie in Milbertshofen wieder vereint. Und der Junge erlebt, wie sich sein Vater bemüht, die Seifenfabrik wieder auf die Beine zu stellen. „Zwangsweise", wie er sagt. „Mein Vater war kein Kaufmann. Seine Leidenschaft galt der Forschung und Lehre." Chemie hatte er studiert, um die Biologie noch besser

(Von links) Im Gespräch: Reinigungs Markt-Herausgeber Reinhard Knittler, Dr. Thomas Schnell, Dr. Wolfgang Schnell und Reinigungs Markt-Korrespondent Patrick Merck.

verstehen zu können. Doch sein Vater lässt ihm keine Wahl: Weil der designierte Firmenerbe Fritz im Krieg umkam und Karl Jura studierte, blieb nur der Chemiker Josef Jr., um die Seifensiederei zu übernehmen. Tatkräftig unterstützt wird er nach 1947 von seiner Frau Herta, die sich um die Bücher und das Rechnungswesen kümmert.

Zu diesem Zeitpunkt arbeiten in München rund 30 handwerkliche Seifensiedereien. Sie produzieren Kleinmengen und beliefern Einzelhändler, Drogerien oder besitzen selbst Geschäfte. Direkt neben der Pfarrkirche St. Peter – im Volksmund Alter Peter genannt – in Sichtweite des Viktualienmarktes und in der Sendlinger Straße zwischen Marienplatz und Sendlinger Tor wurden Kunden mit Produkten aus dem Hause Schnell bedient. Seifensiedereien gehören zum städtischen Wirtschaftsleben wie Metzgereien, Bäckereien, Schuhmacher und Eckkneipen. In den 1960er-Jahren ändert sich das, berichtet Dr. Wolfgang Schnell. „In Italien werden vollautomatische Industrieanlagen errichtet, die an einem Tag die gleiche Menge Seife produzieren, für die ein Handwerksbetrieb mehrere Monate oder gar ein Jahr benötigt.“ Diese Entwicklung erkennt auch Dr. Josef Schnell Jr. und investiert in eine Seifenanlage aus Italien. Dafür nimmt er den Kredit auf. Doch bevor die Seifenanlage richtig ins Laufen kommt, stirbt er mit 54 Jahren.

Die folgenden Monate sind hart. „Wir sind mit der Seifensiederei allein überhaupt nicht mehr weitergekommen“, blickt Dr. Wolfgang Schnell zurück. Auch die Anlage aus Italien rentiert sich nicht. Der Absatz geht zurück, es werden rote Zahlen geschrieben. Darüber hinaus ist der technische Leiter weiterhin Student: er pendelt zwischen Unternehmen und Technischer Hochschule. Allerdings wechselt er bald an die Ludwig-Maximilians-Universität. Denn an der TH war man über sein berufliches Engagement außerhalb der Hochschule und den damit verbundenen Fehlzeiten im Labor nicht erfreut. Er wird aufgefordert, sich zu entscheiden: Studium oder Unternehmen? „Noch am selben Tag bin ich zur LMU, und die haben mich mit offenen Armen empfangen“, berichtet er. „Denen war die akademische Freiheit wichtiger“.

Zu den vielen Kontakten, die Dr. Josef Schnell Jr. zu Kunden aufgebaut hatte, ist auch einer zur chemischen Versuchsanstalt der Deutschen Bundesbahn in Freimann. Um mehr darüber zu erfahren, nimmt Wolfgang Schnell Kontakt auf. Das Problem, das seinem Vater schon geschildert wurde, liegt darin, dass die bisher in den Waggons genutzten Reiniger die roten Kunstledersitze in der neuen Wagengeneration angreifen. Der junge Chemiker nimmt die Herausforderung an: Ein gutes Jahr später präsentiert er die Lösung und wird zum Lieferanten sowie Ansprechpartner bei Herausforderungen rund um die Reinigung bei der Bahn. Anfang der 1970er-Jahre wird ihm die nächste Aufgabe gestellt. Es geht um die Entfettung der Mechanik von Dampf- und Elektroloks, damit sie gewartet und repariert werden können. Die bis dato genutzte Methode war weder umweltschonend noch effizient. Mit dem Industriereiniger VP-S-1072 – die Abkürzung steht für „Versuchsprodukt Schnell“ und Oktober 1972 – schafft er auch hier eine Lösung.

Knapp zehn Jahre stellen Wolfgang Schnell und seine Mutter ihr Leben komplett in den Dienst des eigenen Unternehmens. „Zwischen dem 20. und 30. Lebensjahr war ich urlaubsfrei“, gesteht er. Aber es klingt nicht traurig oder nachdenklich. So schließt er sein Studium ab, promoviert 1975 und schafft mit dem VP-S-1072 ein Produkt, das der Firma wirtschaftliche Sicherheit gibt.

War die Deutsche Bundesbahn Ende der 1960er-Jahre eine Art Rettungsanker, ist es dennoch nicht dieser Umstand, dass die Dr. Schnell Chemie GmbH einen Anker im Logo führt. „Das hat einen anderen Grund, der viel weiter zurückliegt, aber auch mit einer Rettungsaktion verbunden ist“, erzählt Dr. Wolfgang Schnell. Der durch die Handelsschifffahrt zwischen Boston und Florida vermögend gewordener Urgroßvater steckte seine Golddollars 1872 in die Seifensiederei. Das war wohl auch bitter notwendig, denn nur so war ihr Fortbestand gesichert.

Die gewonnene unternehmerische Freiheit Mitte der 1970er-Jahre erlaubt Dr. Wolfgang Schnell, weiter zu forschen und zu entwickeln. Als ein Gebäudereiniger Schwierigkeiten bei der Reinigung von Chromarmaturen im Olympiabad bekommt, schließt sich Dr. Wolfgang Schnell den Reinigungsteams an und putzt

Dr. Wolfang Schnell (rechts) holte seinen Sohn 2003 ins Unternehmen und übergab ihm das Unternehmen 2013.

nachts mit, um das Produkt aus Anwendersicht zu entwickeln. 1978 kommt Milizid als „schadfreier und umweltschonender Sanitärreiniger“ auf den Markt, der dem kleinen Unternehmen komplett neue Perspektiven eröffnet. Allmählich nimmt die Zahl der Mitarbeiter zu und Dr. Wolfgang Schnell kann erste Arbeitsbereiche abgeben. Aus dem kleinen Betrieb wird die Dr. Schnell Chemie GmbH, wie man sie heute kennt.

Der neue Sanitärraumreiniger eröffnet der chemischen Industrie ein neues Produktsortiment und ist bis heute „State of the Art“. Bei so viel unternehmerischen Einsatz ist natürlich das Privatleben zu kurz gekommen. Aus seiner ersten Ehe gingen Thomas und Angelica Schnell hervor. Dr. Thomas Schnell ist der heutige Unternehmer der Dr. Schnell Chemie GmbH.

Dr. Wolfgang Schnell ist zum zweiten Mal verheiratet – und das seit mehr als 30 Jahren. Annette Schnell betreut und organisiert lange Zeit sämtliche Firmenevents und ist heute noch mit Rat und Tat gefragt. Außerdem ist sie Vorsitzende des Stiftungsrats der Stiftung Lichtblick Hasenbergl in München, die sich um benachteiligte Kinder und Jugendliche kümmert. Thomas bittet der Vater 2003 in

(Von links) Reinigungs Markt-Herausgeber Reinhard Knittler, Dr. Wolfgang Schnell, Reinigungs Markt-Korrespondent Patrick Merck.

die Dr. Schnell GmbH, wo er alle Unternehmensbereiche durchläuft, bevor er ihm 2013 das Unternehmen übergibt. Philipp, der Sohn aus der zweiten Ehe, ist seit diesem Jahr verantwortlich für ein von Dr. Wolfgang Schnell gegründetes Unternehmen, das sich um Immobilien und Investments kümmert. Die Tochter Angelica lebt als Autorin in Barcelona. Dr. Wolfgang Schnell kann sich über bisher fünf gesunde Enkelkinder freuen – für Nachhaltigkeit in der Unternehmensnachfolge ist gesorgt.

Trotz dieser guten Entwicklung denkt Dr. Wolfgang Schnell nicht an ein Leben als Privatier. Zum einen ist er weiterhin als Berater und Mentor gefragt, zum anderen ist er neben dem Immobilienunternehmen an einer Handvoll weiterer Firmen beteiligt, um die er sich nunmehr mit seinem Sohn Philipp kümmert. Trotzdem, gesteht er, nimmt er sich dann doch ein bisschen mehr Zeit für die Familie: Mit seiner Frau geht er per Mountainbike auf Tour, und die fünf Enkel möchten auch Zeit mit dem Opa verbringen. Eines ist für den Unternehmer allerdings klar: Als Privatier sieht er seine Zukunft nicht. Und damit ist er nicht allein. Auch seine Frau findet das in Ordnung: „So lange er unterwegs ist, ist alles gut!“, zitiert er sie mit einem entspannt-fröhlichen Schmunzeln.

Urgesteine der Reinigungsbranche: Joachim Steinbiss

„Man muss bei sich bleiben, nur dann wird man auch ernstgenommen“

Nach mehr als 30 Jahren beruflicher Verpflichtungen macht Joachim Steinbiss jetzt ernst: Im Salzburger Land – nicht weit von Hallein entfernt – baut er seinen Altersruhesitz. Wobei, das wird im Gespräch mit Reinigungs Markt-Korrespondent Patrick Merck klar, sehr ruhig wird es da nicht zugehen. Der gebürtige Schwabe hat noch einiges vor in seiner Wahlheimat.

Der Blick aus den großen Fenstern im Büro des Geschäftsführers geht Richtung Norden. Er reicht über das Firmengelände, den langgezogenen Guggenberg und endet an der Osterhorngrupppe mit dem 1695 Meter hohen Schmittenstein. 13 Jahre durfte Joachim Steinbiss als Geschäftsführer der Werner & Mertz Professional Vertriebs GmbH in Hallein diesen Ausblick aus dem zweiten Stock genießen. Seit Ende Januar ist er dort jedoch lediglich ein Besucher mit gültigem Hausausweis. Der steht ihm bis Ende April zu: Denn offiziell ist sein Beschäftigungsverhältnis erst zum 1. Mai beendet.

„Resturlaub", sagt Joachim Steinbiss am ersten arbeitsfreien Mittwoch dieses Zeitabschnitts und lehnt sich in einem Konferenzstuhl zurück. Am Freitag zuvor hat er sein Büro geräumt. Die Aufgaben und Projekte, mit denen er betraut war, hat er zu diesem Zeitpunkt längst übergeben. An seinem ehemaligen Büro findet sich nun der Name seines Nachfolgers Dusko Stojakovic. Selbst das Schild, mit dem sein Parkplatz auf dem Hof vor dem Haupteingang, markiert war, ist bereits ausgetauscht. Seinen Wagen hat er auf einem Besucherstellplatz geparkt. Er lächelt entspannt. Es geht ihm augenscheinlich gut.

Joachim Steinbiss wird am 12. Juli 1946 in Stuttgart geboren. Dort verbringt er eine – wie er sagt – trotz der Nachkriegswehen glückliche Kindheit. An irgendwelche Einschränkungen erinnert er sich nicht. Der Vater ist Arbeiter, doch die praktische Laufbahn, die auch sein Bruder einschlägt, liegt ihm nicht. Er macht seine Mittlere Reife und beginnt eine Ausbildung zum Speditionskaufmann in einem Stuttgarter Unternehmen.

Joachim Steinbiss spricht akzentfreies hochdeutsch, nicht nur im Job, sondern auch mit den Menschen in seiner Umgebung. Kein Hinweis darauf, dass er insgesamt mehr als 30 Jahre in Österreich gelebt und gearbeitet hat oder im Schwäbischen aufgewachsen ist. Er lächelt und erzählt: „Wenn ich mit meiner Mutter telefoniert habe, dann natürlich auf schwäbisch." Das habe, erinnert er sich, die Kolleginnen und Kollegen, die das mitbekamen, irritiert. „Dass ich breites Schwäbisch schwätze' kann, trauten sie mir nicht zu." Er zwinkert, grinst fast schelmisch. Aber was im Privaten erlaubt ist, gilt eben nicht fürs Geschäftsleben. Außerdem: Er mag sich nicht verstellen, deshalb hat er auch nicht das Salzburgerische übernommen. „Österreichisch ist nicht meine Sprache. Es wäre nicht passend oder echt, wenn ich versuche, das nachzuahmen." Er hebt seine Tasse und nimmt einen Schluck Kaffee. „Ich habe auch keinen Trachtenanzug getragen", fügt er hinzu. Zumindest hat er sich lange dagegen gesträubt und erst in den vergangenen Jahren - und dann auch nur bei Feiern - den Janker mal übergestreift. So wie er es formuliert, klingt es ganz einfach: Anbiedern ist seine Sache nicht. „Man muss bei sich bleiben, nur dann wird man auch ernstgenommen."

Das Unternehmen im Blick: Vom Fenster seines ehemaligen Büros schaut Joachim Steinbiss auf den Standort von Werner & Mertz in Hallein mit der Osterhorngrupppe im Hintergrund

Im Anschluss an seine Lehre ruft der Staat. Doch anstatt 18 Monate Wehrdienst zu absolvieren, entschließt er sich, als Z2 – also Zeitsoldat – sechs Monate länger beim Bund zu bleiben. „Ich dachte, dann habe ich auch ein bisschen mehr Geld gegenüber den Wehrdienstleistenden“, sagt er, um dann den Kopf zu schütteln. „Das war aber nicht der Fall!“ Nach der Grundausbildung landet er hinter dem Schreibtisch und kümmert sich aufgrund seiner Ausbildung von Ulm aus um die Ausstattung von anderen Dienststellen. Darauf folgt ein Studium der Betriebswirtschaft an der Fachhochschule.

1972, er ist 26 Jahre alt und frisch gebackener Diplom-Betriebswirt, startet er ins Berufsleben. Von mehreren Bewerbungen landet eine beim Reinigungsmaschinenhersteller Sorma im schwäbischen Lorch – und die sticht. Er wird Assistent der Vertriebsleitung und baut von da aus das bundesweite Händler- und Vertriebspartnernetz aus. Von Anfang an gehören Dienstreisen zu seinem Arbeitsalltag. Doch fünf Jahre später ändert sich der Ausgangspunkt für seine Fahrten: Joachim Steinbiss übernimmt die Geschäftsleitung der österreichischen Dependance in Neumarkt am Wallersee, einem Städtchen im Salzburger Land. Der berufliche Wechsel ins benachbarte Ausland 1977 wird unterstützt durch einen privaten Bruch seiner Vita: Zwei Jahre zuvor scheitert seine Ehe, der gemeinsame Sohn bleibt bei seiner Mutter.

Heute – knapp 40 Jahre später – ist der Sohn längst erwachsen und lebt sein eigenes Leben. „Wir haben natürlich Kontakt", sagt Joachim Steinbiss und lächelt versonnen.

Die österreichische Vertriebsgesellschaft der Sorma ist ein kleines Unternehmen. Für Joachim Steinbiss keine wirkliche Herausforderung, wenn es um das Fachliche geht. Es sind die kulturellen Unterschiede zwischen Deutschland und Österreich, die den Start in Neumarkt spannend machen. Doch er meistert sie und schafft es, als Piefke akzeptiert zu werden.

„Es ist eher eine Mentalitätsfrage", versucht er eine Antwort, wenn er auf die Unterschiede zwischen den beiden Ländern angesprochen wird. „Es ist hier vielleicht nicht so steif, die Umgangsformen sind ein bisschen anders. Aber in der Arbeitsleistung unterscheiden sich die Menschen nicht." Ob es typische Fehler gebe, in die deutsche Unternehmen tappen, wenn sie sich in Österreich engagieren? Joachim Steinbiss nickt. „Wenn sie Österreich wie ein weiteres deutsches Bundesland verstehen und vergessen, dass es eine eigene Geschichte, eine eigene Kultur, eine eigene Sprache hat." Auch sei typisch deutsches Verhalten unpassend. Ein Satz wie: „Das machen wir in Deutschland so" stoße hier auf wenig Gegenliebe und Verständnis.

Fast auf den Tag genau 25 Jahre arbeitet Joachim Steinbiss für Sorma. Nach 13 Jahren Österreich kehrte er wieder in die Sorma-Zerntrale nach Lorch zurück. Damit zieht er 1990 wieder zurück in seine eigentliche Heimat: ins schwäbisches Kernland.

Dass es eine gute Entscheidung - sowohl beruflich als auch privat – war, wird zwei Jahre später deutlich: Zum einen wird Sorma von Tennant übernommen, was mit einer Veränderung der Vertriebsstruktur einhergeht, zum anderen hängt er im Schwäbischen auch das Single-Leben an den Nagel. 1998 heiraten Isabell und er.

Dagegen hat die Liaison mit dem Reinigungsmaschinenhersteller aus Norddeutschland nur eine kurze Lebensdauer. 2001 packt das Ehepaar seine Siebensachen und fährt Richtung Salzburg. Seine Bewerbung auf die Position des Geschäftsführers der Professional Vertriebs GmbH von Werner & Mertz in Österreich ist von Erfolg gekrönt. Im September bezieht Joachim Steinbiss das große, helle Büro im zweiten Stock des Firmengebäudes. Vier Gesellschaften der Gruppe, die ihren Hauptsitz in Mainz hat, sind in Hallein untergebracht: Neben der Professional Vertriebs GmbH sind das der Vertrieb für die Konsumer-Produkte sowie eine Verwaltungs- und Produktionsgesellschaft.

Mehr als 30 Jahre arbeitete Joachim Steinbiss im Salzburger Land, seinen Ruhestand möchte er nun auch dort verbringen

Die Entscheidung für Werner & Mertz hat nicht nur eine rein berufliche Komponente. „Ich habe eine Affinität zu Österreich entwickelt“, sagt Joachim Steinbiss in Anspielung auf seine Jahre für Sorma. Das klingt nüchtern, aber seine Augen blitzen als er das ausspricht. Speziell das Salzburger Land hat es ihm angetan. „Das ist wunderschön“, sagt er und betont dabei jede Silbe. Natur, Kultur, Freizeitangebote - er fühlt sich offensichtlich wohl.

Von Hallein aus kümmert sich Joachim Steinbiss nicht nur um den Professional-Vertrieb in Österreich: Der Standort ist auch zuständig für Osteuropa – von Russland bis Albanien. Nur Polen hat eine eigene Vertriebsgesellschaft. Dienstreisen und Auslandsaufenthalte gehören von da an wieder zu seinem Tagesgeschäft.

„Reisen waren nie ein Problem für mich“, sagt der 67-Jährige. Im Gegenteil: Auch privat war und ist er viel unterwegs. Auszeiten zu nehmen vom Alltag ist für ihn eine Selbstverständlichkeit. „Sie finden mich auf Kreuzfahrtschiffen oder in guten Hotels in geschichtsträchtigen Regionen“. Mit einem Schmunzeln auf den Lippen fügt er hinzu: „Als Rucksacktourist oder Camper würde ich mich jedenfalls nicht bezeichnen."

2009 übernimmt er zusätzliche Aufgaben in der Zentrale in Mainz. Als Geschäftsführer eines Business Units pendelt er zwei Jahre zusätzlich zu seinen Fahrten nach Osteuropa regelmäßig nach Mainz und reist in dieser Funktion zudem nach Skandinavien, Frankreich, Griechenland und andere Vertriebsregionen. Das geht aber nur, weil seine Frau dies akzeptiert und unterstützt. Dennoch: Vielleicht ist in dieser Zeit der Doppelbelastung der Gedanke an den Ruhestand entstanden. Zumindest legt er fest: 2014 – mit 67 Jahren – ist Schluss! Und er sorgt gewissenhaft dafür, dass sein Abgang kein Vakuum entstehen lässt. Zwei Monate Zeit nimmt er sich, um seinem Nachfolger Dusko Stojakovic den Einstieg zu erleichtern. Am Freitag, den 31. Januar, räumt er sein Büro, damit zum ersten Arbeitstag im Februar auch dort die Weichen gestellt und die Zuständigkeiten sichtbar sind. Klarheit und Struktur sind im wichtig.

Als Urlauber kehrt er dann fünf Tage später zurück, um sich mit dem Reinigungs Markt zu unterhalten und einen kleinen Einblick in sein Berufsleben zu geben. Dabei besucht er auch die Führungsetage im zweiten Stock. Das vertraute „Chef" von Jeannette Bremböck, der Assistentin der Geschäftsführung, nimmt er mit einem freundlichen Lächeln hin. Und wie bisher auch, hat sie ihm einen Briefumschlag mit einer besonderen Briefmarke aufgehoben. Joachim Steinbiss strahlt. Acht Jahre Zusammenarbeit gehen nicht spurlos vorbei. Jeannette Bremböck lächelt. Das Lächeln wirkt ein bisschen traurig. Wie er als Vorgesetzter so war? Sie überlegt und sagt: „Er kümmert sich um die großen und um die kleinen Dinge." Das gelte auch außerhalb des Büros und der Geschäftszeiten, lobt sie sein Engagement gegenüber den Mitarbeitern. Für ihn ist das eine Selbstverständlichkeit als Führungskraft: „Ohne meine Mitarbeiter bin ich doch nichts!" Um die großen und kleinen Dinge wird sich Joachim Steinbiss auch in den kommenden Wochen kümmern dürfen. Denn er geht nicht ohne Aufgabe in den Ruhestand. Eine heißt: Hausbau! Nachdem seine Frau und er über Jahre ein Haus gemietet hatten, soll es nun ein Eigenheim nach eigenen Vorstellungen sein. Im Salzburger Land, versteht sich. Außerdem freut er sich darauf, ein lang vernachlässigtes Hobby wieder aufzunehmen. „Als Jugendlicher habe ich Akkordeon gespielt, dann aber aus beruflichen Gründen aufgegeben." Die Orgel, wie er sie nennt, von damals hat er noch. Sie soll nun instand gesetzt werden. Seiner Briefmarkensammlung will er auch mehr Aufmerksamkeit widmen, und dann möchte er wieder häufiger kochen – am liebsten regionale Spezialitäten aus allen Teilen Österreichs und der Welt. Auf die Reisen zusammen mit seiner Isabell freut er sich ebenfalls, sagt er, und auf Wanderungen, Museumsbesuche, Zeit fürs Lesen von historischen Sachbüchern – und wenn dann noch ein bisschen Raum ist, würde er gern Geschichte studieren, „denn das interessiert mich".

Hanns Heinrich Supthut mit seinem gelben Aktenordner voller Erinnerung.

Urgesteine der Reinigungsbranche: Hanns Heinrich Supthut

Ein Aktenordner voller Erinnerungen

Schwarzweiß-Fotografien aus den 50-er Jahren, eine Aktie der Tannerie & Maroquinerie Belges S. A. (TMB) von 1964, die Speisekarte eines Dinners aus den 70-ern: der gelbe Aktenordner, den Hanns Heinrich Supthut vor sich liegen hat, atmet Geschichte. Es ist die Geschichte eines deutschen Unternehmens und einer Familie, die auf beiden Seiten des Eisernen Vorhangs zu Hause war.

Geboren wird Hanns H. Supthut am Sonntag, den 23. Februar 1930 in Schlesien. Die Familie betreibt eine Ziegelei in Langenöls. Der Großvater war aus dem Westen in den deutschen Osten gewandert und hatte noch vor dem ersten Weltkrieg eine Ziegelei gekauft. Produziert wurden leichte Spezial-Deckensteine. In der Zeit des Bankenkrachs 1931/1932 setzte eine Bauflaute ein. Die Produktion kam fast zum Erliegen.

Der Zweite Weltkrieg neigte sich dem unrühmlichen Ende zu. Die Familie musste am 13. Februar 1945 vor der roten Armee flüchten. Mutter, Großmutter und Hanns H. Supthut mit vier Brüdern flohen in Richtung Westen und landeten nach vier Tagen Flucht in der Nähe von Meißen auf einem Bauernhof. „Wir hatten alles verloren“, sagte Hanns H. Supthut, „kein Geld, nichts zu essen und nichts anzuziehen. Wir waren fünf Jungen im Wachstum.“

Ende Juli findet der Vater, ebenfalls Flüchtling, die Familie. Dann weist Sachsen einen Teil der Ostflüchtlinge mit der Begründung aus: Sachsen ist Notstandsgebiet. Also weiter nach Sachsen-Anhalt in ein Flüchtlingslager in Gernrode/Harz.

Vater Supthut musste Arbeit suchen, um Geld und Lebensmittelkarten zu erhalten. Inzwischen ist Hanns H. Supthut 15,5 Jahre. Der Besuch eines Gymnasiums entfällt. Die Supthuts haben keine Bleibe, keine Geld für eine Bahnfahrt nach Quedlinburg zur Penne. Also besorgte Vater Supthut für seinen Sohn schnell eine Lehrstelle für den Bäckerberuf. Und so wurde Supthut Bäckerlehrling bei Familie Rinza mit Kost und Logis für 2,5 Jahre und morgens gegen 4 Uhr aufstehen einschließlich samstags. Brot und Brötchen backen, Bleche putzen, Mehl sieben und so weiter. Die Lehre ist Ende Februar 1948 mit einer Gesellenprüfung beendet. Der Weg führt nach Kerkwitz bei Guben an der neuen Oder/Neisse-Grenze. Die Familie fand dort eine neue Heimat. Durch Beziehungen pachtete der Vater eine stillgelegte Ziegelei in Kerkwitz. Das Geschäft blühte, denn Mauersteine und Dachziegel waren gesuchte Objekte. Also arbeitete der Sohn als Ziegelbäcker weiter. Im Dezember 1948 erhält Hanns Heinrich Supthut Post aus Berlin, man wolle ihn zu einer Musterung zur kasernierten Volkspolizei in Berlin einladen.

Der Vater gibt ihm den Rat: „Mensch, hau ab, geh in den Westen!“ Die Schwester des Vaters hatte 1943 Karlhans Lehmann in Berlin geheiratet (Inhaber der Firma Karlhans Lehmann), „bei denen kannst du sicher unterkommen.“ Und so begann die 3. Flucht, diesmal über den Westen im Januar 1949 von der SBZ in die BRD. „Schwarz über die grüne Grenze“ mit der Bahn bis Gernrode/Thale/Harz, zu Fuß durch den Wald nach Braunlage und von dort aus nach Hannover.
Karlhans Lehmann war vom 01.09.1939 bis Januar 1945 von Preußens-Gloria eingezogen worden, ging im Januar 1945 in amerikanische Kriegsgefangenschaft und wurde 1946 entlassen. Die Firma Lehmann in Berlin war 1943 total ausgebombt worden, alles kaputt und die ausgelagerten Waren waren in Schlesien verloren gegangen.

Die Firma wurde 1895 von Carl Jonas Lehmann als Carl J. Lehmann Hut- und Mützenfornitouren in Berlin in der Flensburger Straße gegründet. Sie etablierte sich in der Damen- und Herrenfilzhut- und Mützenindustrie und in der Lederbranche. In Deutschland gab es damals über 30 Hutfabriken und über 300 kleine und große Mützenfabriken. Für das Ledergeschäft hatte man die Vertretung einer der größten

Schafffellgerbereine der Tannerie Maroquinerie Belges S. A. (TMB) in Belgien erhalten. 1934 musste die Firma notgedrungen in Karlhans Lehmann umgewandelt werden.
Am 1. April 1949 begann die kaufmännische Lehre bei Karlhans Lehmann in Hannover und so konnte Supthut miterleben und lernen, wie Lehman seine Firma wieder mühsam aufbauen musste. Alles wichtige Voraussetzungen für die spätere Zukunft. Es gelang ihm, die früheren Beziehungen mit der TMB in Belgien zu aktivieren. Fensterleder aus Belgien war damals ein begehrtes Objekt z. B. für die Glas- und Gebäudereiniger in der BRD (das wichtigste Handwerkzeug neben Eimer und Leiter). Hinzu kamen Hutschweiß-, Schuhfutter- und Buchbinderleder und Haare für die Filzhutfabriken. Mit einem Umzug nach Hamburg konnte eine Steigerung der geschäftlichen Tätigkeiten eingeleitet werden. Im April 1952 legte Hanns H. Supthut seine Prüfung vor der Handelskammer Hamburg ab.

Im Mai 1955 wurde eine Volontärzeit bei der Hutstoff-Industrie GmbH in Lahr eingeplant und mit einer Fortsetzung bei einer französischen Haarschneiderei bis Ende 1955 verlängert. Im Januar ging es für 6 Monate nach Zaventem bei Brüssel zur TMB, um Gerben von Chamoisleder und Hutschweißleder zu lernen. Im Ausstellungsraum hängt heute noch ein Fensterleder mit einem roten Löwen. „Das habe ich in Belgien selbst gegerbt und zugerichtet", sagt Supthut und es klingt ein wenig Wehmut in seiner Stimme mit, „das ist mehr 60 Jahre alt!" Das Fensterleder mit dem roten Löwenstempel ist noch heute bei den Glas- Gebäudereinigern als Qualitätsleder bekannt.

Mitte 1964 tritt Supthut als Kommanditist in die Karlhans Lehmann KG ein. Gegen Ende 1968/69 zeichnete sich der Rückgang der Hut- und Mützenindustrie ab. Die Mode bringt „den Hut zur Strecke!" Die PKWs werden niedriger gebaut, in Restaurants und Kinos fehlen die Hutablagen. Die Hutindustrie stirbt schnell und lautlos.

Hanns Joachim Supthut ist in der Firma die 5. Generation ...

.... sein Vater hat sich aus dem Tagesgeschäft zurückgezogen.

Karlhans Lehmann stirbt im Januar 1971 im Alter von 58 Jahren. Der Testamentsvollstrecker verliest das Testament und kommt an die entscheidende Textstelle: „mein Neffe Hanns Heinrich Supthut hat das Vermächtnis, die Firma Karlhans Lehmann KG weiterzuführen!"

„Die Verantwortung für die Firmen Karlhans Lehmann KG und Carl J. Lehmann GmbH hatte ich somit als 4. Generation übernommen", schilderte Supthut. Mit Hilfe der Hausbank konnte die Umsetzung der gesellschaftlichen Vertragsregelungen nun als vollhaftender Komplementär der Firma Karlhans Lehmann KG erfolgen.

Die Geschäfte mit Fensterleder von der TMB aus Belgien wurden forciert, zumal der Kundenkreis des Fachhandels für das Glas- und Gebäudereiniger-Handwerk schon aus den 50-er Jahren bekannt war.
Die Geschäfte gingen gut und auf Wunsch und Einfluss der 5. Generation Sohn Hanns Joachim Supthut, der 1989 als Kommanditist in die Firma eintrat, wurde 1989 mit Zonenrandgebiet-Förderung in Henstedt-Ulzburg ein Grundstück erworben und eine Halle für Büro und Lager gebaut.

Die Firma Carl J. Lehmann GmbH suchte nach der Wende zahlreiche Kontakte zu Firmen, deren Produkte zu Lehmann passten. 1991 hatte man eine Möglichkeit in Neustrelitz gefunden, einen Fachhandel für den Glas- und Gebäudereiniger aufzubauen. Die Entwicklung verlief positiv, sodass schon im Sommer 1995 ein Grundstück mit Landesfördermitteln gekauft werden konnte. Es folgten der Aufbau einer größeren Halle für Büro, Produktion und Lager. Die Entwicklung Lehmann KG wurde mit der Aufnahme des Kommanditisten Hanns Joachim Supthut als Partner und Komplementär in der Geschäftsführung vereinbart.

Im September 1995 wurde der Neubau in Neustrelitz, in der Kranichstraße mit dem Slogan „Aufschwung Ost" gebührend gefeiert.

Das Tagesgeschäft läuft jetzt an Supthut sen. vorbei, aber es gibt immer wieder Dinge, die besprochen werden. Auch bei den zahlreichen Messen im In- und Ausland sind Sprachkenntnisse ganz nützlich und warum sollte man den gespeicherten Schatz der grauen Zellen nicht noch ab und an an den Mann bringen.

Hanns J. Supthut konnte eine Vergrößerung der Produktion in Zusammenarbeit mit dem REHA-Zentrum Neustrelitz erzielen. Die Produktpalette mit dem bekannten Markennamen LEWI ist das Qualitätshandwerkzeug für den professionellen Glas- und Gebäudereiniger.

2004 hat das Lehmann-Team begonnen, für die Reinigung der modernen Glasbauten eine moderne Entwicklung für Geräte für die Glasreinigung zu schaffen. Durch die Umwandlung von normalem Wasser in reines Wasser kann eine flecken/streifenfreie Reinigung der Glasflächen erfolgen ohne zusätzlichen Arbeitsaufwand für eine Trocknung. „Qleen Pur Water Cleaning Systems".

Die „Qleen"-Produktpalette wird auch noch zur Reinigung für die Solar- und Photovoltaikanlagen eingesetzt.
Die Markenzeichen „LEWI" und „QLEEN" sind inzwischen im Inland und weltweit auf dem Markt.

Das gemeinsame Werk fortsetzen

Lydia Tielbürger ist Chefin aus Leidenschaft

Ein Porträt? „Das tut doch nicht not", sagt Lydia Tielbürger und schüttelt den Kopf. Die 78-Jährige meidet das Rampenlicht. Das Repräsentieren für die Firma überlässt sie lieber ihren drei Söhnen. „Ich brauche das nicht", schiebt sie anlässlich eines Gesprächs mit Reinhard Knittler, Herausgeber und Chefredakteur des Reinigungs Markts, und Reinigungs Markt-Korrespondent Patrick Merck am Firmensitz in Stemwede nach. Dabei hat Lydia Tielbürger nicht nur viel zu berichten, sondern nimmt als Firmenchefin in der Branche eine seltene Rolle ein.

Geboren zwei Jahre vor Beginn des zweiten Weltkriegs in Wanne-Eickel erlebt Lydia Maria Dippel als Kleinkind das Grauen von Fliegerbomben und Nächten im Bunker. Die Familie flieht aus dem zunehmend unter Bombenbeschuss stehendem Ruhrgebiet erst ins Sudetenland, um dann im Ravensburger Land zwischen Osnabrück, Bielefeld und Münster heimisch zu werden. Der kleine Ort Oppenwehe, der in den 1970er-Jahren in der Gemeinde Stemwede aufgeht, wird 1943 die neue Heimat der Dippels mit ihrer damals sechsjährigen Tochter.

Dort lernt Sie auch Ihren zukünftigen Mann kennen, Julius Tielbürger heißt der, ist ihr Nachbar und hat in der Schmiede Biljes den ersten Heinzelmann Kartoffelvollernter entwickelt. Nach dessen Serienreife gründet er gemeinsam mit dem Schmid Christian Biljes, die Firma Biljes und Tielbürger, die den Heinzelmann bundesweit vermarktet und mit diesem die Kartoffelernte revolutioniert. Eine bahnbrechende Erfindung, die das Unternehmen aus der regionalen Bedeutung heraushebt. 1956 kehrt ihm sein Kompagnon den Rücken, um den väterlichen Betrieb weiterzuführen. Mit dem Rückzug Biljes' wird das Unternehmen umbenannt in Heinzelmann Landmaschinen. Der Kartoffelvollernter ist das wichtigste Produkt, aber auch ein schwieriges. „Die werden nur zur Erntezeit gebraucht, und als dann andere Firmen nachzogen, mussten wir neue Wege beschreiten", erinnert sich Lydia Tielbürger.

Ihre Unterstützung ist gefragt, ab diesem Zeitpunkt wird Sie komplett in Büro und Buchhaltung integriert und bildet sich dafür an der Handelsschule weiter. „Das war selbstverständlich!" Es bleibt aber nicht bei den buchhalterischen Arbeiten. In dem kleinen Betrieb müssen alle mit anpacken, erinnert sie sich mit einem Leuchten in den Augen: „Ich habe Maschinen lackiert, gebohrt, verpackt – jeder hat mitgeholfen, wie und wo er konnte." Etwa 20, 25 Mitarbeiter hatte das Unternehmen damals. Schwerpunkt der Produktion von Tielbürger sind Anbau- und Kleinmaschinen für die Landwirtschaft. Julius Tielbürger ist Maschinenbauingenieur, der zudem Erfahrungen aus dem Flugzeugbau mitbringt: Während des Kriegs war er bei den Junkers Flugzeugwerken unter anderem für die Qualitätssicherung an allen Standorten zuständig. 1960 heiratet Lydia Dippel ihren Julius. Sie bezieht das Büro direkt neben ihm, übernimmt die Organisation und Verwaltung. Und jeder, der zu Julius Tielbürger möchte, muss an ihr vorbei – nicht nur, weil sein Büro nur durch ihres zugänglich ist. Sie hält ihm den Rücken frei. Das gilt auch im Privaten. Als die Familie drei Jahre nach der Hochzeit durch die Zwillinge Jörg und Dirk wächst, ist es Lydia Tielbürger, die Familie und Beruf unter einen Hut bringt. „Es gab bei uns keinen Unterschied zwischen zu Hause und in der Firma. Es war alles eins!" Sie kümmert sich um die beiden Söhne, bereitet Frühstück, Mittagessen und Abendbrot vor – es wird immer gemeinsam gegessen – und abends oder wenn die Kinder schlafen, geht es um die Firma. Die beiden Jungs wachsen, wie auch der 1965 geborene Ulf, in und mit der Firma auf. Das Unternehmen, sagt sie rückblickend, „stand über allem". Auf eines legte die Unternehmerfamilie allerdings mit dem Beginn der Schule wert: Urlaub.

Auch wenn die Firma das bestimmende Element ist: Einmal im Jahr rückt sie in den Hintergrund. Die vier Wochen Betriebsferien im Sommer verbringt die Familie komplett im Urlaub. Sie fahren sogar schon eine Woche zuvor los. Fünf Wochen ausspannen, erholen und auftanken – meist in Österreich.

Ende der 1960er-Jahre ändert sich nicht nur das Familienleben, sondern auch die Produktpalette. Der Heinzelmann wird abgelöst: An seine Stelle treten Schalt- und Werkzeugschränke, Hubwagen und Stapler sowie Mähwerke, Bodenfräsen, Kehrmaschinen, Häcksler und Schneeräumschilder als Zubehör für Einachsschlepper. Einher mit diesen Veränderungen wächst auch die Firma. Die Verhandlungen mit den Banken überläßt Julius Tielbürger gerne seiner Frau Lydia. „Mein Mann hatte an Banken und Versicherungen kein Interesse“, erinnert sie sich. Er kümmerte sich um die technische Weiterentwicklung. „Er hat immer getüftelt“, sagt sie. Doch es gab auch viele verbindende Erlebnisse im beruflichen Miteinander: Bei Messen oder Vorführungen ist Lydia Tielbürger immer dabei. Und so wird sie für viele Kunden zum Gesicht der Julius Tielbürger GmbH.

Sie ist es heute noch. „Ich habe immer Vollgas gegeben“, sagt sie mit einem Blick, der herausfordernd und freundlich gleichermaßen strahlt. „Und sie macht die Dinge lieber selbst, bevor sie anderen zu überlassen“, schiebt Ulf Tielbürger ein. Der jüngste Sohn korrigiert seine Mutter manchmal in ihren Erzählungen. „Sie mag das ja nicht so, dass über sie gesprochen oder geschrieben wird. Aber sie hat nun mal viel erreicht, und dass sollte dann auch gesagt werden.“

Die Unternehmerfamilie könnte sich eine Haushaltshilfe und ein Kindermädchen leisten. Sie tut es aber nicht. „Ich wollte das nicht“, sagt Lydia Tielbürger. „Dann sag auch, warum!“, hakt der Sohn nach. „Ich mache so etwas lieber selbst.“ Ulf Tielbürger ist mit der Antwort nicht ganz zufrieden. „Sie hat einfach ganz klare Vorstellungen davon, wie etwas zu machen ist. Und daher macht sie es lieber selbst.“

Auf Messen fühlt sich Lydia Tielbürger wohl und nimmt sich dort gern Zeit für Kundengespräche.

Ihre Hartnäckigkeit und ihre klaren Ziele sowie das Streben nach Qualität im Unternehmen sind es, die der Julius Tielbürger GmbH & Co. KG den Stempel aufgedrückt haben. Ordnung und Verlässlichkeit sind für sie keine hohlen Phrasen, sondern gelebte Kultur. So hängen in allen Werkshallen an mehreren Stellen Kehrbleche, Handfeger und Besen an vorgegebenen Haken. „Da hat dann keiner mehr eine Ausrede, dass kein Besen zur Hand ist, wenn mal was aufzukehren ist“, sagt sie bestimmt. Sie hat nicht nur verfügt, dass Kehrbleche und Co. aufgehängt werden, sie hat sie auch selbst gekauft und das Montieren in Augenschein genommen. „Jetzt ist es ordentlich“, sagt Ulf Tielbürger. „Ich finde nicht, dass es ordentlich ist“, antwortet seine Mutter. Für Lydia Tielbürger ist es eine Selbstverständlichkeit, dass ein Unternehmen, das Kehrmaschinen produziert und Sauberkeit verkauft, auch nach innen Sauberkeit zu leben hat.

Mit 69 Jahren erleidet Julius Tielbürger einen leichten Schlaganfall. Lydia Tielbürger stellt ihren Schreibtisch in das Büro ihres Mannes, gibt die Buchhaltung auf. Von da an arbeiten die beiden noch enger zusammen, sind ein eingeschworenes Team und führen das Unternehmen gleichberechtigt. Und alle Mitarbeiter ziehen mit. „Auf diese konnte und kann ich mich auch Heute noch verlassen."

Bis in die 1990er-Jahre bauen sie zusammen die Julius Tielbürger GmbH & Co. KG weiter aus.

Angefangen in einer Holzbaracke hat sich die Firma heute zu zu einem Produktions- und Verwaltungskomplex auf 12.000 Quadratmetern Fläche entwickelt.

Nach der Wiedervereinigung kam 1991 ein zweiter Standort in Dardesheim in Sachsen-Anhalt dazu, in dem Teile vorgefertigt werden, die zuvor zugekauft werden mussten.

Für den Hauptstandort ist bereits der Bau eines neues Logistik- und Schulungszentrum in Planung.

1993 wird bei Julius Tielbürger Krebs diagnostiziert. Er schraubt sein Pensum zwar zurück, 1995 folgt dann der Schlag: Während die drei Söhne für das Unternehmen in Köln auf der GAFA sind, verschlechtert sich der Gesundheitszustand des Vaters drastisch und er stirbt wenig später. „Es ist immer noch bedrückend", sagt Lydia Tielbürger. 35 Jahre waren sie verheiratet, haben gemeinsam ein Unternehmen geführt, ihr Arbeits- und Berufsleben miteinander verwoben. Und daher steht für die damals 59-Jährige fest: „Es geht weiter."

Die Söhne sind längst Stützen im Unternehmen, die Mitarbeiter wie eine große Familie. „Natürlich möchte ich unser gemeinsames Werk fortsetzen!" Fortsetzung heißt einerseits, das Bewährte belassen, aber gleichzeitig neue Wege gehen. Das spiegelt sich in ihrem Büro, das einst von beiden Tielbürgers genutzt wurde. Sein Schreibtisch, die Unterlage darauf, sein Stuhl – „es ist so, wie er es damals genutzt hat." Hier wird nichts verändert, wird deutlich. Ihr Schreibtisch genau gegenüber, dazwischen eine kleine Sitzgruppe und ein großer Globus. Viel Holz, schwere Teppiche. Viel Vergangenheit. Doch auf ihrem Schreibtisch ist Leben. Notizzettel, Stifte, Telefon, eine Rechenmaschine und ein großer Monitor, der mit einem modernen PC verbunden ist, prägen ihn. Natürlich nutzt sie E-Mail, surft im Internet.

Zu den Neuerungen der vergangenen Jahre zählt auch die Kunden-ansprache der Julius Tielbürger GmbH & Co. KG: Erst nach der Jahrtausendwende wendet sich das Unternehmen explizit an die Reinigungsbranche, nimmt an der CMS in Berlin teil und gleich darauf an der ISSA Interclean in Amsterdam.

Eine Entwicklung, die Lydia Tielbürger gefällt. „Es muss sich immer etwas bewegen", sagt sie. Stillstand ist ihre Sache nicht. Und daher verzichtet sie zwar nicht auf Urlaub aber tritt vielleicht ein bisschen kürzer. Aber ans Aufhören denkt sie noch lange nicht. „Die Firma ist mein Beruf, Ausgleich, mein erstes Hobby, mein Leben – warum sollte ich etwas ändern?"

Jos van den Berg (rechts) wird in der Branche respektvoll „Mr. Interclean“ genannt.

Exklusiv-Interview

Jos van den Berg: „Ich habe meine Arbeit immer gern gemacht“

Einen Titel kann man gewinnen, erzwingen oder kaufen – einen Namen macht man sich. Er wird einem gegeben aus Respekt, Bewunderung, Anerkennung oder Ehrfurcht. Das gilt auch für „Mr. Interclean“. Wenn von ihm die Rede ist, wird über Jos van den Berg gesprochen. Er, der als Außenstehender mit dem Akt des Reinigens als solches nichts zu tun hat, ist einer ihrer Protagonisten geworden. Ein Wegbereiter, ein Türöffner sogar. Anlässlich der ISSA Interclean 2014 trafen sich ReinigungsMarkt-Korrespondent Patrick Merck und Jos van den Berg, um über seine und die Geschichte der Messe zu sprechen.

Die Geschichte beginnt im Sommer 1941.
Es ist keine schöne, entspannte Zeit. Die Niederlande stecken mitten im Zweiten Weltkrieg, ein Jahr zuvor waren sie vom Deutschen Reich besetzt worden. Im August 1941 kommt Jos van den Berg auf die Welt. Als Kleinkind erlebt er die Besatzung, seine Kindheit verbringt er in der Nachkriegszeit.
Doch der Gedanke daran zeichnet keine Sorgenfalten auf sein Gesicht. „Wir hatten nichts; gar nichts", sagt er ruhig, ohne Groll. Er scheint in sich zu ruhen. Dann lächelt er bei der Erinnerung an die Nachkriegsjahre. „Aber wir waren zufrieden und auch glücklich, obwohl wir nichts hatten." Wir, das sind seine sieben Jahre jüngere Schwester, seine Eltern und er.
Nach dem Abschluss am Gymnasium geht es dem jungen van den Berg wie vielen anderen jungen Männern: Erst muss der mehrjährige Wehrdienst geleistet werden, dann dreht sich alles ums Geldverdienen. Und er hat Glück: Nach dem Militär und ein paar Gelegenheitsjobs ergattert er mit 24 Jahren eine Stelle am Flughafen Schiphol. Es ist 1965, und dieses Jahr kennzeichnet nicht nur seinen Einstieg in die Arbeitswelt, sondern auch einen privaten Meilenstein. Gerrie, die er in seinem letzten Schuljahr kennen- und liebengelernt hat, und Jos heiraten.
Seine Augen strahlen. „Im nächsten Jahr sind wir 50 Jahre verheiratet", sagt er und lächelt still. Dann nimmt er einen Schluck aus der Kaffeetasse.
Drei Jahre lang nimmt Jos van den Berg Reservierungen für die niederländische KLM entgegen und bearbeitet sie. Keine technischen Hilfsmittel, kein Computer, sondern strukturierte Zettelwirtschaft ist angesagt. Doch er erledigt seine Aufgabe gewissenhaft, so dass er bald eine Chance erhält, aufzusteigen. 1968 wechselt er von der „Koninklijke Luchtvaart Maatschappij", der „königlichen Luftfahrtgesellschaft", zu den Kollegen von der Canadian Pacific Airline, einer Vorgängerin der heutigen Air Canada. Die flogen von Amsterdam aus mit einer DC 8 nach Toronto und Vancouver.

Ein Kellner kommt, bringt frischen Kaffee und Wasser. Aus einer Besuchergruppe heraus winkt eine Frau Jos van den Berg zu. Er erwidert den Gruß. „Eine Ausbildung oder Qualifikation? Das gab es nicht", sagt Jos van den Berg und lehnt sich nach vorn. „Das war nicht möglich." Alles, was er für seinen Beruf brauchte, hat er währenddessen gelernt – „learning by doing" eben. „Bei CP Air gab es dann später richtige Kurse – etwa zum Thema Kundenservice oder Kommunikation, die mich weitergebracht haben."
Allerdings ist eines schon Mitte der 1970er-Jahre klar: Wer bei CP Air weiter aufsteigen will, muss in der Zentrale in Toronto arbeiten. Und da kommt Jos' Vater Huub ins Spiel. Er wurde mit 60 Jahren von Shell in Rente geschickt, hatte aber keine Lust aufs Rentnerdasein. Als er eine Zeitungsannonce entdeckt, in der ein Repräsentant für die Messegesellschaft RAI gesucht wird, bewirbt er sich und erhält den Zuschlag. Er bleibt fünf Jahre.
„Durch ihn gab es eine persönliche Verbindung zwischen mir und der Messe", erläutert Jos van den Berg und blickt aus der Fensterfront des VIP-Raums hinüber zum Elicium. Das gläserne, mehrstöckige Gebäude mit rund 20 Konferenzsälen bildet die Mitte zwischen den beiden Hallenkomplexen. „Das – und vieles andere – gab es damals nicht", sagt er. „Die RAI war eine ganz andere Welt!"
Nach elf Jahren bei CP Air kommt es zur Entscheidung: Toronto oder nicht? Beide – Gerrie und er – wollen ihre Heimat nicht verlassen. Er bleibt. Und er braucht einen neuen Arbeitgeber. Es ist 1977, Jos van Berg ist 36 Jahre alt und im Prinzip eine ungelernte Kraft. Seine Visitenkarte schmücken weder ein akademischer Titel, noch ein Diplom, aber er hat sich Ansehen erworben und seinen Weg gemacht. Auch ihn führt

Gelassen blickt Jos van den Berg (Mitte) im Gespräch mit Patrick Merck (links) und Anna Wittmershaus (rechts) auf sein Leben zurück.

Jos van den Berg (Mitte) ist auch in seinem Ruhestand ein beliebter und kompetenter Gesprächspartner auf der ISSA/Interclean..

es aufgrund einer Zeitungsannonce zur RAI. Dort ist der Name van den Berg bereits bekannt und anerkannt.

Die RAI ist damals ein relativ kleiner Messestandort mit eher regionaler Ausrichtung. Größter Anteilseigner ist der Verband der Fahrrad- und Automobilindustrie (Rijwiel en Auto Industrie). Die Interclean ist zu diesem Zeitpunkt bereits Teil des Messekalenders, verfügt allerdings nicht über eine internationale Komponente, selbst wenn der Name dies suggeriert. „Es war noch keine große Angelegenheit“, sagt Jos van den Berg. 58 Aussteller teilten sich eine Halle. Aber genau das sollte sich ändern, und zwar auch durch sein Zutun.

Sein Job: Internationale Kontakte knüpfen, den Messestandort bekannter machen, Aussteller nach Amsterdam locken. Aufgrund seiner Tätigkeit in der Reisebranche ist Jos van den Berg gut vorbereitet auf seine Tätigkeit, kennt die feinen kulturellen Unterschiede. Er vertritt die RAI in Düsseldorf, Madrid, Paris, Verona, in England und in den USA. Er besucht Handelskammern, Innungen, Wirtschaftskommissionen und Verbände wie den VDMA in Deutschland oder die ISSA in den USA.

Schon bald wird aus der kleinen, regionalen Schau im Zwei-Jahres-Rhythmus eine überregionale. Und die Messegesellschaft selbst gewinnt durch den ruhigen, moderaten und ausgeglichenen Mann an Ansehen. „1984 und 1986 haben wir sogar eine Messe in London ausgerichtet“, sagt er, und es klingt ein bisschen stolz mit über das Erreichte. Der Gedanke, dass Holländer geholt werden, um in England etwas auf die Beine zu stellen, klingt, findet er, seltsam. „Aber sie haben dann auch rasch gesagt, dass sie es ohne uns schaffen.“ Er lächelt still.

Jos van den Berg spricht deutsch, englisch, ein bisschen französisch und – natürlich – seine Muttersprache. Mit diesen Kenntnissen kommt er überall weiter und baut im Auftrag der Messe ein internationales Netzwerk auf. Persönliche Gespräche bilden fast ausschließlich die Grundlage dafür. Das Vertrauen wird belohnt: die Messe wächst – sowohl am Standort selbst als auch als Produkt. Und die Interclean profitiert besonders von seinem persönlichen Einsatz.

Doch so intensiv Jos van den Berg sich auch um die RAI und die Interclean insbesondere kümmert, sein Privatleben leidet darunter nicht. Seit seiner frühesten Jugend schlägt sein Herz für die Musik: Er sammelt Popmusik und Chansons – erst auf Schallplatten, dann auf CDs. Und dann gibt es natürlich Gerrie: Seine Frau, die als Stewardess arbeitet, und er teilen sich die gemeinsame Zeit genau ein. Sie koordinieren ihre Zeit exakt, da sie von Schichtdienst und unterschiedlichen Abwesenheitszeiten definiert ist. Da beide ihre beruflichen Wurzeln in der Reisebranche

haben, gehört das Erkunden fremder Länder zu ihren bevorzugten Freizeitbeschäftigungen. Auch auf Kreuzfahrt verabschieden sich die beiden gern, um dem Alltag ein Schnippchen zu schlagen.
Es gibt einen weiteren Grund für die vielen Reisen zu zweit. Jos van den Berg spricht es leise aus: „Leider blieb unser Kinderwunsch unerfüllt." Er blickt auf, lächelt. „Aber wir hatten und haben uns – seit fast 50 Jahren."
So eng Jos van den Berg auch mit der Reinigungsbranche zusammenarbeitet, er ist kein originäres Teil. Er gehört zwar dazu, behält allerdings aufgrund seiner Rolle als Messeorganisator eine neutrale Rolle ein. Noch dazu, da es in Holland keine großen Unternehmensgruppen oder Hersteller gibt, die als Konkurrenz betrachtet werden. „Auch das ist sicherlich ein Grund dafür, dass die Interclean diesen guten Ruf hat. Kein Land muss sich hier benachteiligt fühlen."
Dem heutigen Status der Messe geht eine weitere Entwicklung voraus. In den Anfangsjahren gehörten viele niederländische Gebäudereiniger zu den Ausstellern. In Ermangelung echter Produkte, die sie hätten ausstellen können, nutzten sie die Messe vor allem, um ihre Kontakte zu intensivieren. Es waren zum Teil große Stände, die manchmal eher an Bars erinnerten als an einen seriösen Messeauftritt. Doch das wurde auf Dauer zu teuer, so dass immer weniger einheimischen Firmen ausstellten – und mit deren Wegbleiben auch deren Kunden. Das führte zu einer drastischen Veränderung der Besucherstruktur. Anfangs waren drei Viertel der Besucher aus Holland, jetzt machen sie nur noch ein Viertel aus.
„Das hat sich komplett gedreht", sagt Jos van den Berg. Und sein Blick gleitet wieder auf den Eingangsbereich der Messe. Dort schiebt sich ein Taxi nach dem anderen vor die Reihe wartender Menschen. Es sind Messebesucher aus allen Teilen der Welt. Sie sind hier, weil Jos van den Berg dafür einst den Grundstein legte. Ein Meilenstein dieser Entwicklung ist sogar im Namen verankert: Aus der Interclean wurde die ISSA Interclean. Allein weil er den Kontakt zu dem US-amerikanischen Verband geknüpft hatte und sie als strategischen Partner gewann.

Jos van den Berg hat es geschafft, der Messe eine besondere Atmosphäre zu verleihen. Um nur ein Beispiel zu nennen: Kärcher, Hako, Tennant und Nilfisk, allesamt Große in der Branche, teilen sich eine Halle, sind zum Teil sogar direkte Nachbarn. „Ob das anderswo geht, weiß ich nicht", sagt der 73-Jährige. Er genießt diese Messe und ihre Stimmung jedenfalls. Und wenn er heute, nachdem er vor zehn Jahren seine Arbeit an Rob den Hertog übergeben hat, durch die Gänge schlendert, kommt er meist nicht weit: Denn der Mann, den alle als Mr. Interclean kennen, ist ein beliebter und kompetenter Gesprächspartner.
Er strahlt Bescheidenheit aus, wirkt sehr zufrieden mit sich und der Welt. „Ich bin nicht sehr ehrgeizig. Ich habe nie ein großes Ziel verfolgt", sagt er. Er habe das Leben einfach auf sich zukommen lassen. Umso glücklicher ist er darüber, was er erreicht hat. „Ich habe meine Arbeit immer gern gemacht, und es hat alles geklappt."
Seine Freizeit als Privatier verbringt er – natürlich – mit Gerrie. Immer noch geht es auf Reisen, auf gemeinsame Unternehmungen. Kulturelles Erleben steht ganz oben auf der Liste. Aber alles in Ruhe. Auch hier gibt es keine großen Ziele, die erkämpft werden wollen.
Vom Nachbartisch aus wird gewunken. Wieder hat ihn jemand erkannt. Jos van den Berg lächelt, winkt zurück, signalisiert, dass er gleich Zeit habe. Dann blickt er auf: „Das einzige, was ich ein bisschen schade finde, ist, dass ich kein Instrument gelernt habe." Pause. Lächeln. „Aber so ist es eben." Und wieder wirkt er ganz bei sich selbst, zufrieden und ausgeglichen.

Reinhard Wagner, Seniorchef von Buzil (rechts) im Gespräch mit Patrick Merck.

Urgesteine der Reinigungsbranche: Reinhard Wagner

„Jetzt machen wir gescheite Sachen"

Der Geruch von Reinigungsmitteln begleitet Reinhard Wagner von Kindesbeinen an. Sein Großvater Julius Wagner gründet 1907 noch in Bietigheim-Bissingen ein Öl- und Fettwaren Handelsgeschäft. Es ist der Grundstein für ein Familienunternehmen, das diesen Gedanken aktiv lebt und fortführt. Mittlerweile in der vierten Generation.

Reinhard Wagner kommt am 12. September 1947 in Memmingen auf die Welt. Der Krieg ist gut zwei Jahre vorbei. Das Unternehmen, das hart getroffen worden war, ist im Aufbau begriffen. Die ganze Kraft der Familie gilt der Firma, die Reinigungs- und Pflegemittel produziert und vertreibt. Der Vater, Franz Wagner, steigt nach seiner Rückkehr aus dem Krieg in die Firma ein, übernimmt deren Leitung knapp sechs Jahre nach der Geburt seines Sohns. Sein Ziel: Das Geschäft ausbauen, neue Produkte entwickeln und produzieren. Weg vom Kleinproduzenten und Händler hin zum Produktionsbetrieb. „Jetzt machen wir gescheite Sachen", erinnert sich Reinhard Wagner an das Vorhaben des Vaters. Es entstehen Spülmittel, Emulsionen und Allzweckreiniger, das Portfolio wächst.

Auf dem Firmengelände lernen Reinhard und seine Schwester Helene das Radeln, hier verbringen sie ihre Freizeit, es ist ihr Spielplatz, es ist ihr Zuhause. Ganz nebenbei lernt er so die Strukturen des Unternehmens kennen, die Mitarbeiter, die Abläufe, den Warenumsatz – und die Gefahren. „Ich bin auch schon mal in einen der Kübel gefallen und furchtbar dreckig geworden", erinnert er sich mit einem Lächeln. Die Familie ist Teil des Ganzen. Selbst das Wohnhaus der Wagners liegt genau gegenüber dem Betriebsgelände. Es gibt keinen Unterschied zwischen privat und beruflich.

Sein Werdegang scheint nicht nur vorgezeichnet, er ist es auch. Zwar ist der junge Mann musisch begabt und spielt Gitarre, aber er entscheidet sich für die unternehmerische Seite. Auf die Schule und das Abitur, das er auf dem Maristenkolleg in Mindelheim ablegt, folgt ein Studium der Chemie. Bereits als Jugendlicher zeigt sich, dass er diesen Weg nicht allein gehen wird. Er ist 17 Jahre alt, als er bei einem Schüleraustausch in Glasgow die ein Jahr jüngere Gudrun Riedmiller aus Illertissen kennenlernt. Die Schülerin findet nicht nur Gefallen an dem jungen Abiturienten, sondern auch an dessen Liebe zur Chemie. Beide zieht es zum Studium ins 40 Kilometer südlich gelegene Isny. Am Ende des neunjährigen Studiums steht nicht nur der Abschluss, sondern auch das Aufgebot: 1973 heiraten Gudrun und Reinhard. Und nur ein Jahr darauf steht das nächste einschneidende Erlebnis. Die Frischvermählten treten in das Unternehmen des Vaters, beziehungsweise Schwiegervaters ein. Sie übernehmen die Leitung des Labors, sind für neue Produkte zuständig. Reinhard Wagner hat dafür eine launige Definition: „Die Hochzeitsreise führte von der Wohnung in den Betrieb." „Die Chemie ist hochinteressant. Es gibt unzählige Möglichkeiten."

Wenn Reinhard Wagner auf die Anfänge im Labor oder ans Studium zurückblickt, leuchten seine Augen. „Es ist unglaublich, was sich durch das Mischen von drei, vier Sachen alles herstellen lässt." Doch ganz so einfach, wie es im Nachhinein klingt, ist es nicht gewesen. „Das Labor war ein Räumchen mit ein paar Töpfen, Gläsern und ein paar Möbeln", sagt Reinhard Wagner, und die Übergabe wenig romantisch. „So, das ist euer Labor, da könnt ihr ab jetzt laborieren", soll Franz Wagner bei der Einführung gesagt haben. Gudrun Wagner ergänzt: „Wir haben das erst so richtig aufgebaut. Es gab praktisch nichts." Sie fangen bei null an, geben sich dabei aber von Anfang an nicht mit Kompromissen zufrieden. „Wir haben eine Qualitätskontrolle eingeführt", sagt Gudrun Wagner. Was heute normal scheint, ist damals eine Revolution. „Wir haben Spezifikationen für unsere Rohstoffe aufgestellt, also für uns und dementsprechend für die Lieferanten definiert, wie die einzelnen Rohstoffe sein sollen." Wenn die Lieferung nicht den Vorgaben entspricht, heißt es in Anspielung auf einen Hit von Elvis Presley: „Return to sender"! Sowohl für Lieferanten als auch für Buzil-

Reinhard Wagner ist leidenschaftlicher Chemiker.

Werk Wagner Neuland. „Da haben die am Anfang schon geschmunzelt“, erinnert sich der Chemiker. Die Zulieferer glauben nicht, dass eine Ladung tatsächlich mal zurückgeschickt wird. Doch es passiert. Ein Gutachter muss ermitteln. Sein Urteil: Die Lieferung entspricht nicht den Spezifikationen, die Zurückweisung ist in Ordnung. Es dauert eine gewisse Zeit, dann haben sich alle Lieferanten an die neue Arbeitsweise gewöhnt. Um mehr Erfahrungen zu sammeln und die eigene Produktpalette zu erweitern und zu verbessern, bilden sich Gudrun und Reinhard Wagner weiter. „Wir wussten eigentlich gar nicht viel, wenn es um Reinigungsmittel ging“, gibt er zu. Vieles wurde vom Vater übernommen, aber eigenes Wissen - über das allgemeine Verständnis von Chemie hinaus - ist Mangelware. Sie absolvieren Praktika bei Hoechst in Gersthofen, um sich mit dem großen Feld der Wachse vertraut zu machen, bei Hüls im nordrhein-westfälischen Marl und bei der BASF in Ludwigshafen, um sich Wissen zu Wachsen und Tensiden anzueignen. „Immer zu zweit“, ergänzt Gudrun Wagner.

Das Privatleben spielt auch bei der dritten Firmengeneration nicht die erste Geige. 1977 kommt Tochter Isabell auf die Welt, vier Jahre später Constanze. Zwar lebt die kleine Familie zu diesem Zeitpunkt im kleinen Wolfertschwenden und damit knapp zehn Minuten vom Werk entfernt, der Abstand währt aber nicht lang. 1982 geht es zurück nach Memmingen. Die beiden Töchter erleben eine ähnliche Kindheit und Jugend wie Reinhard und seine Schwester: „Das Familienleben fand im Betrieb statt.“ Besuche im Labor bei den Eltern gehörten ebenso zum Alltag wie das Spielen auf dem Gelände oder mit den Mitarbeitern. Doch die Familie gönnt sich bewusst Auszeiten, zum Beispiel im Sommerurlaub oder an Pfingsten. Die Reisen führen sie unter anderem nach Österreich oder Südtirol, „und die Firma ist nicht mitgereist“.

einhard Wagner blickt dennoch kritisch auf diese Zeit zurück. Heute würde er die Prioritäten anders setzen, gibt er zu. „Ich würde wesentlich mehr Zeit mit meiner Familie verbringen“, sagt er. Vor allem ärgert es ihn ein wenig, dass er es in vielen Punkten nicht anders als sein Vater gemacht hat. „Ich bin ja auch als Straßenkind aufgewachsen", erinnert er sich.

1993 zieht Buzil innerhalb Memmingens in neue Gebäude um. Zwei Jahre später tritt Reinhard Wagner, er ist 48 Jahre alt, offiziell der Geschäftsführung bei. Im Oktober 2000 stirbt sein Vater nach langer Krankheit. Im Gegensatz zu seinem Vater Franz regelt Reinhard Wagner sein Testament und die Geschicke von Buzil früh. Dabei kommt ihm zupass, dass Isabell nach ihrem Betriebswirtschaftsstudium das Unternehmen gern weiterführen möchte. Zwar versteht Reinhard Wagner nicht, wieso seine Tochter keinen Gefallen an der Chemie findet, aber er ist über ihre Wahl dann doch heilfroh, weil „wir so erstmals einen Kaufmann in der Familie hatten". Ansonsten gibt es in der Historie nur Chemiker und Techniker. Quasi mit dem Diplom erhält die damals 27-Jährige 2004 Prokura. Ein Jahr darauf übernimmt Isabell Wagner als Geschäftsführerin zusätzlich Verantwortung. Als er dann plötzlich auch schwer erkrankt und dem Unternehmen über mehrere Monate nicht zur Verfügung steht, kommt es nicht zum Bruch. Die Geschäfte laufen, das Unternehmen funktioniert, es war alles vorbereitet. „Ich bin froh, dass ich das damals schon gemacht habe", sagt Reinhard Wagner über die Vorsorge von damals heute. „Mein Vater hat nicht loslassen können." Der leidenschaftliche Chemiker hat - ganz im Gegensatz zum Vater - auch während des Berufslebens schon bewusst eigene Wege beschritten, ein Privatleben geführt. Die Musik gibt ihm Energie für den Alltag. Er spielt in verschiedenen Bands Gitarre, begleitet mit anderen Musikern den Kirchenchor. Bis zu seiner Erkrankung. Er ist mittlerweile an drei Vormittagen wieder im Unternehmen. Mehr soll es nicht werden. Er nimmt sich lieber mehr Zeit für sich und schont seinen Körper. Seine Funktion bezeichnet er als „Frühstücksdirektor", und das sagt er mit einem fröhlichen Lachen. „Isabell ist die Kanzlerin, und ich bin der Präsident."

Reinhard und Gudrun Wagner.

Der Reinigungspionier Viktor Wagner

Gesundem Wachstum stehen auch in Zukunft alle Türen offen

Nach der Entdeckung Amerikas hieß es „Go West!" Viktor Wagner, Chef der Firma Reiwag, hat sich vor 25 Jahren aufgemacht, um den Osten zu erobern. Porträt eines Urgesteins der österreichischen Reinigungsbranche.

Was wohl aus ihm geworden wäre, wenn er den Rat seines Vaters, Viktor Wagner Senior, befolgt und Karriere in der Bank gemacht hätte? Wir werden es nie erfahren, aber eines steht fest: Viktor Wagner Junior hätte bestimmt auch dort seinen Weg gemacht. Geboren am 24. Juli 1946 in Wien trat er nach Matura und Bundesheer zwar zunächst tatsächlich in die Zentralsparkasse ein, bereits zwei Jahre später, 1967, stieg er jedoch in ein Flugzeug, um nach New York zu fliegen. Zwar blieb Viktor Wagner nur wenige Wochen in den USA – mehr war finanziell damals nicht drin – doch in dieser Zeit stellte er die Weichen für seine weitere berufliche Karriere. Und die verlief nicht in einer Bank.

Know-how made in USA

Über den damaligen österreichischen Handelsdelegierten lernte der 21-Jährige Wiener Norman Davies, den Vizepräsidenten von „National Cleaning", einem Reinigungsunternehmen mit 10.000 Mitarbeitern, kennen und erhielt Einblick in einen hoch professionell organisierten Konzern. Mit dem neu erworbenen Wissen über Management und Logistik im Reinigungsgeschäft im Kopf und dem Reise-Virus im Blut, kam Viktor Wagner zurück nach Österreich, wo er seinem Vater eine Bitte unterbreitete. Er, der Senior, möge ihm doch seinen Gewerbeschein zur Verfügung stellen, damit er seine eigene Reinigungsfirma gründen könne.
Der Vater stimmte zu und Viktor Wagner erwarb einen VW-Käfer, den er zu seinem ersten Firmenwagen umbaute: Er entfernte den Beifahrersitz und montierte eine Dachgalerie. Mit dem Fahrzeug klapperte der Jungunternehmer sämtliche Geschäfte am Wiener Ring ab und bot seine Dienste als Schaufenster-Reiniger an. Der Wissensvorsprung gegenüber seinen Mitbewerbern – Wagner konnte um den gleichen Preis wie die Konkurrenz in derselben Zeit mehr Kunden bedienen, weil er die Arbeitsschritte effizienter organisierte – kurbelte den Erfolg und das Wachstum des Unternehmens an. 1970 bot Viktor Wagner seinem Vater an, bei ihm einzusteigen und als Büroleiter zu fungieren. Der Senior nahm an und somit ging die Firma, die Viktor Wagners Großvater 1903 gegründet hatte, 65 Jahre später im Unternehmen seines Enkels auf.

Go East ...!

Von da an wuchs die Firma stetig, zunächst in Österreich, etwa um den Bereich der Krankenhausreinigung. Doch bereits ab 1980 kamen erste Auslandsengagements in Riyadh und Jeddah dazu. Ab den frühen 1990er Jahren brach Viktor Wagner Richtung Osten auf. Der Eiserne Vorhang war gefallen, die ersten österreichischen Unternehmen, allen voran Banken wie Raiffeisen, Erste Bank und Wiener Städtische, nutzten die Gunst der Stunde und engagierten sich in den ehemaligen Kronländern der Habsburgermonarchie vor der Haustüre Wiens. 1991 eröffnete Viktor Wagner die Prager Niederlassung der Reiwag.
Jetzt ging es Schlag auf Schlag. Der umtriebige Geschäftsmann gründete das Wiener Tierkrematorium (1992) und fügte Baustein um Baustein eine Kompetenz nach der anderen in sein Portfolio ein. Sicherheitsdienste kamen 1994 dazu, Betriebsgastronomie & Catering 1997, ein Jahr später folgte technisches Gebäudemanagement. Im Jahr 1996 wurde ein großer Teil der Stadt- und Straßenreinigung Prags ausgeschrieben. Wagner kam zum Zug und gründete gemeinsam mit der tschechischen Hauptstadt die Komwag. Tschechien gehört heute neben der Slowakei, Rumänien, Serbien und Kroatien zu den wichtigsten Auslandsmärkten des Reinigungsprofis. 50 Prozent seiner Umsätze erwirtschaftet das Unternehmen in Zentral- und Osteuropa, die anderen 50 Prozent in Österreich.

Für die Stadt- und Straßenreinigung Prags gründete Wagner 1996 gemeinsam mit der tschechischen Hauptstadt das Unternehmen Komwag.

Jedes Jahr erzielen die rund 3.000 Mitarbeiterinnen und Mitarbeiter einen Millionen-Umsatz. Im Vorjahr waren es 64 Millionen Euro, für 2017 wird ein Rekordumsatz von 67 Millionen erwartet.

Engagement, Ehrlichkeit und Respekt

Bis vor Kurzem war auch Ungarn ein Betätigungsfeld der Reiwag, doch dieses Engagement hat Viktor Wagner wieder aufgegeben. Der Grund: Die Korruption vor Ort war einfach zu groß. Und für Kick-back-Zahlungen war und ist Wagner nicht zu haben. „Wir verzichten lieber auf einen Auftrag, bevor wir Schmiergelder zahlen." Ehrlichkeit und Geradlinigkeit sind für Wagner hohe Werte. Netzwerken hingegen ist auch für ihn ein wichtiger Bestandteil des Erfolgs.

Der Unternehmer ist wirtschaftsliberal und kann mit Menschen aus allen politischen Lagern. Mit dem Wiener Bürgermeister Michael Häupl versteht er sich genauso gut wie mit dem neuen ÖVP-Chef Sebastian Kurz. An Letzterem fasziniert ihn vor allem seine Dynamik und der Wille, erstarrte Strukturen aufzubrechen. Die österreichischen Wirtschaftstreibenden, und mit ihnen Viktor Wagner, erwarten sich von Kurz unter anderem eine Entschlackung der Bürokratie (Stichwort „Föderalismusreform") und die Senkung der wirtschaftsfeindlich hohen Lohnnebenkosten. Den Satz des WKÖ-Präsidenten Christoph Leitl, „Geht's der Wirtschaft gut, geht's uns allen gut!", zitiert Wagner aus voller Überzeugung. Denn er selbst lebt ihn täglich.

Die Mitarbeiterinnen und Mitarbeiter schätzen ihren Chef, der jedem einzelnen in der Firma alle fünf Jahre persönlich dankt. Dass dies keine Leerformel modernen Managements ist, beweist die Tatsache, dass viele Reiwag-Mitarbeiter schon seit mehreren Jahren oder sogar Jahrzehnten im Unternehmen tätig sind und sich hier allem Anschein nach zuhause fühlen. Das gilt auch für Co-Geschäftsführer Thomas

Dittrich, mit dem Wagner seit 29 Jahren perfekt zusammenarbeitet und dessen Vater vor ihm in dieser Funktion tätig war.
Fragt man den Chef nach seiner Lebensphilosophie, so bringt er diese mit einer Idee Immanuel Kants auf den Punkt: Die Freiheit des Einen endet dort, wo die Freiheit des Anderen beginnt. Leben und leben lassen – viel mehr braucht es eigentlich nicht.

Familie, Fußball, Reisen

Als sein Fundament bezeichnet Viktor Wagner seine Familie – mit seiner Ehefrau hat er eine Tochter, die Medizin studiert hat – und seine Freunde. Mit ihnen spielt er einmal pro Woche, am Sonntag, Fußball. Hin und wieder gibt es Matches, manche davon finden sogar im Ausland statt.
Manager aus den unterschiedlichsten Branchen sind schon gegen das Reiwag-Team angetreten. Karl Javurek, bis vor kurzem Gewista-Chef, Walter Sattlberger, Sprecher von Siemens, und Georg Wailand, Chefredakteur der Kronen Zeitung, zählen zu Wagners Freunden und Fußball-Kollegen. Auch beim Sport legt der Reiwag-Chef großen Wert auf Fairness. „Die wichtigste Regel, auf die wir uns geeinigt haben: Der vermeintlich Gefoulte hat immer Recht. Das spart lange Diskussionen und reduziert die Anzahl der Fouls. Wir wollen schließlich alle am Montag unverletzt wieder in der Arbeit erscheinen."
Die Arbeit, sie ist das Lebenselixier von Viktor Wagner. In seiner Freizeit liest er gerne Bücher, die sich mit Wirtschaftsthemen befassen, sein Wissen erweitern und ihm neue Ideen für seinen Beruf liefern.

Eine Leidenschaft hat der 71-Jährige über die Jahre seit seinem ersten Trip nach New York vor Beginn seiner Karriere kultiviert: das Reisen. Auf die Frage, welche Länder er bereits gesehen hat, antwortet er ohne falsche Bescheidenheit: „Wenn Sie mich fragen, wo ich noch nicht war, kann ich Ihnen das schneller aufzählen." Rund 20 bis 25 Destinationen hat Wagner noch vor sich. Doch fit, wie er ist, wird er die auch noch schaffen. Reisen bietet ihm, der oft im Rahmen von Geschäftsterminen um die Welt jettet, die perfekte Gelegenheit, andere Menschen und Kulturen kennenzulernen und sich mit Managern anderer Unternehmen auszutauschen. Eine gewisse Abenteuerlust und Neugierde kann man ihm nicht absprechen. Sie hält ihn, neben seiner Familie und seinem Faible für Fußball.

Die Reiwag-Zentrale in der Burggasse 60 in Wien.

Rainer und Irene Zwetko.

Irene und Rainer Zwetko: In kleinen Schritten zum Erfolg

Die Familie steht an erster Stelle

Im Lager ist jeder Zentimeter besetzt. Luft nach oben gibt es in der Halle an der Waldmeisterstraße im Münchener Nordwesten im Herbst 2013 kaum noch. Daher sind die Umzugspläne schon geschmiedet. Im ersten Quartal 2014 wird der Fachgroßhändler Zwetko zum vierten Mal seinen Standort wechseln. Für Irene und Rainer Zwetko wird das eine Zäsur: Die beiden Firmengründer wollen dann ein wenig kürzertreten. Sohn Martin, bereits als Prokurist im Familienunternehmen, soll am neuen Standort auch mehr Verantwortung übernehmen. „Wir nehmen uns dann mehr Zeit für uns."

„Wir“ - dieses Wort ist Teil der Zwetko'schen Philosophie. Das beginnt schon beim Geburtsjahr: Beide kommen 1953 zur Welt: Sie im niederbayerischen Plattling, er in München. Ein gutes halbes Jahr ist er gerade einmal älter, und daher einen Schuljahrgang voraus.

Schon in der Schulzeit kommen sie sich näher, besser gleiten einander näher: „Beim Schlittschuhlaufen“, erinnert sich Irene Zwetko. Als sie die Ausbildung im öffentlichen Dienst antreten, sind sie bereits ein Paar. „Mach was sicheres“, war die Losung, die von den Eltern mitgegeben wurde. Also gingen sie aufs Amt, wurden Beamte. Sie landet im Ausgleichsamt, muss sich mit trockenen Gesetzen und verschachtelten Verordnungstexten auseinandersetzen, er hat Glück mit seiner Bewerbung: Sein Arbeitsplatz ist im Beschaffungsamt, er ist zuständig für das Mobiliar in der Landeshauptstadt.

1975 heiraten sie. Und sie nehmen sich vor, diese Ehe zu etwas besonderem zu machen: „Wir haben nicht geheiratet, um uns nur nach Feierabend zu sehen.“ Irene Zwetko schaut ihren Mann an. Der nimmt den Faden auf: „Wir wollten schon was zusammen auf die Beine stellen.“ Es entsteht eine Idee. Wenn Kinder kommen, soll alles anders werden, besser und selbstbestimmt. Was das sein sollte? „Davon hatte wir noch keine Ahnung“, gibt Irene Zwetko zu. Doch sie sind jung, offen und trauen sich, testen nach Feierabend verschiedene Möglichkeiten.

Vier Jahre nach der Eheschließung kommt Martin zur Welt. „Das war der Knackpunkt“, berichtet Rainer Zwetko. Zu diesem Zeitpunkt steht bereits fest, dass die zukünftige Tätigkeit mit Verkauf oder Vertrieb zu tun haben wird. „Denn das lässt sich auch von zu Hause aus koordinieren und aufbauen.“ Mobiliar, das Fachgebiet von Rainer Zwetko, kommt nicht in Frage. Denn einerseits will er seine Tätigkeit bei der Stadt nicht gefährden, in dem er Interessenskonflikte schafft, zum anderen bieten Möbel keine wirklichen Verdienstmöglichkeiten. „Sie verbrauchen sich so langsam“, sagt er und lacht.

Stattdessen fällt die Wahl auf Reinigungsmittel. „Das wurde gebraucht - und zwar immer wieder.“ Die Kernarbeit beginnt noch 1979. Das Gewerbe wird offiziell angemeldet. Während Irene Zwetko vom heimischen Telefon aus Kontakte zu Gaststättenbesitzern und Hausmeistern aufnimmt und Termine vereinbart, geht ihr Mann die nach Dienstschluss an. Klinkenputzen. Kleine Handwerker, der Grieche an der Ecke oder Händler. „Das waren unsere ersten Kunden“, sagt sie. Und er ergänzt: „An die Großen haben wir uns gar nicht getraut.“ Andererseits bedienen sie einen Markt, der für die Großen zu diesem Zeitpunkt uninteressant ist. Kleine Mengen bei vielen Kundenkontakten, das ist arbeitsintensiv. Sie machen das!

Die zu verkaufenden Chemikalien und Reinigungsgeräte besorgen die beiden entweder in großen Stückzahlen bei der Konkurrenz oder kleinen Produzenten. Zu Hause werden die Waren dann kommissioniert, auf die Belange der kleinen Abnehmer zusammengestellt. Doch sie planen auch weiter. Bei einem Seifensieder erwerben sie einen Allzweckreiniger und lassen den mit ihrem eigenen Etikett auszeichnen. Zwetko wird zum Namen in der Branche - als Händler und als Marke. Und ganz langsam stellt sich der Erfolg ein. „Erfolg hieß damals für uns, dass wir Zusagen erhielten, eine positive Resonanz und bei unseren Kunden eine Zufriedenheit gespürt haben.“ Finanziell ist das kleine Unternehmen immer noch davon abhängig, dass Rainer

Zwetko als Beamter in Vollzeit arbeitet. Seine Frau hatte nach dem Mutterschutz ihre Stellung im Amt aufgegeben, um sich um den Sohn und die Firma zu kümmern. Die Ware ist im Keller sowie in einer zusätzlichen Garage untergebracht. „Das wäre heute nach den gesetzlichen Bestimmungen so nicht mehr möglich“, sagt Rainer Zwetko und zuckt mit den Schultern. „Damals haben wir uns darüber keine Gedanken gemacht.“

1981 dann der große Sprung, der Zeitpunkt für die Entscheidung pro Selbstständigkeit war gekommen: Rainer Zwetko kündigt. „Meine Eltern konnten das nicht verstehen“, sagt er. „Das war für sie eine Katastrophe!“ Gleiches erlebt Irene Zwetko: „Meine Geschwister und Eltern haben die Hände über dem Kopf zusammengeschlagen.“ Er lächelt bei der Erinnerung und hält kurz inne. „Im Nachhinein verstehe ich das. Ich wüsste nicht, wie ich an ihrer Stelle reagiert hätte.“

Ein Jahr später gründen Irene und Rainer Zwetko dann den Fachhandel als GmbH - sie sind die beiden Gesellschafter, aber auch die einzigen Mitarbeiter. „Es gab nur uns - und das über einen langen Zeitraum.“ Allerdings stehen die Eltern ihnen trotz aller Kritik zur Seite, übernehmen Babysitterdienste, kleine organisatorische Aufgaben, und Irenes Vater erledigt sogar im Lauf der Zeit die Buchhaltung.

Die Unterstützung ist auch wichtig, denn von allein läuft der Laden nicht. „Es gab wider Erwarten Tiefschläge“, sagt Rainer Zwetko. Um das Familieneinkommen - es gilt zusätzlich eine Eigentumswohnung abzubezahlen - zu sichern, versucht man sich unter anderem auch als Gebäudereiniger. „Aber das ist lang her“, schiebt er beruhigend nach.

Trotz aller Aufgaben und Herausforderungen, die Familie stand immer an erster Stelle. „Wir sind morgens um 5 Uhr an den Schreibtisch oder haben die Fahrten vorbereitet, aber um 7 Uhr haben wir zusammen gefrühstückt.“ Auch das gemeinsame Mittagessen mit Martin und später Michaela nach Schule und Kindergarten gehören zum Tagesablauf. „Wir wollten beide für unsere Kinder da sein“, sagt Irene Zwetko. Lieber haben sie sich abends, wenn in den Kinderzimmern längst geschlafen wurde, erneut an die Arbeit gemacht. „Wenn Freunde oder Kollegen über das Fernsehprogramm sprachen, haben wir nicht mitreden können.“ Aber das sollte so sein. Genauso wie Wochenendausflüge mit dem Fahrrad an der Donau entlang oder mehrwöchige Familienurlaube - sogar in die USA. Ohne

Irene und Rainer Zwetko mit ihren Kindern Michaela und Martin.

Handy und E-Mail-Kommunikation. „Das ging, weil wir dann schon unsere erste Vollzeitkraft eingestellt hatten.“ Sonja Kolb stieß 1988 als erste Mitarbeiterin in das Familienunternehmen. Sie ist bis heute dabei.

1988 kommen zwei weitere Meilensteine in der Geschichte der Zwetkos dazu: Tochter Michaela wird geboren, und die Familie bezieht ein selbst geplantes Eigenheim. Dort im Erdgeschoss wird dann auch das Unternehmen untergebracht. „Aber es gab einen separaten Eingang, Familie und Firma waren schon baulich getrennt.“

Die Kundschaft wächst, die Serviceleistungen auch, und bald reichen die Räumlichkeiten sowie das Lager nicht mehr aus. Bereits 1995 zieht das Unternehmen zum dritten Mal um - in das heutige Büro- und Geschäftshaus plus Lager in der Waldmeisterstraße, in Sichtweite des Olympiastadions und des BMW-Turms.

Das Unternehmen wächst weiter, die Anforderungen auch, doch Rainer Zwetko predigt das: „Mia san mia.“ Für den Anhänger von 1860 München ist dieser Ausspruch nicht das Motto des FC Bayern, sondern eine Lebenseinstellung: „Ich wollte mich keiner Gruppe anschließen, sondern war froh über meine Unabhängigkeit.“ Lieber macht er alles selbst. Für Martin, der nach dem Abitur und während seiner Lehrzeit gemeinsam mit einem Freund einen Fahrradladen gründet und führt, ist diese Einstellung nicht nachvollziehbar. Nach dem Abschluss der Lehre und mit dem Beginn eines betriebwirtschaftlichen Studiums steigt er in den Fachhandel ein und überzeugt seine Eltern von den Vorteilen einer Gruppe.

2008 wird verhandelt, 2009 ist Zwetko Teil der Mobilo-Clean-Gruppe. „Das sind fast alles familiengeführte Unternehmen, die ähnlich ticken wie wir“, sagt Rainer Zwetko sichtlich zufrieden über die Zugehörigkeit. „Aber damals war das totales Neuland. Ohne Martin hätten wir diesen Schritt nicht getan.“

Auch wenn Michaela Zwetko Sonderpädagogik für Verhaltensstörung studiert und angekündigt hat, nicht in den Fachhandel einsteigen zu wollen, ist die Zwetko GmbH weiterhin ein echtes Familienunternehmen. „Daran nehmen alle teil“, sagt Rainer Zwetko. Seine Frau ergänzt: „Martin hat bereits die Führungsposition als Prokurist in der Firma übernommen. Seine Frau, die wie er ebenfalls Betriebswirtschaft studiert hat, widmet sich derzeit der Erziehung der beiden Söhne, die ihren Vater immer wieder in der Firma besuchen. Michaela hilft während ihres Studiums an verschiedenen Stellen aus. Da sie eine „künstlerische Ader“ hat entwirft sie unter anderem unsere Weihnachtskarten. Das sei einfach mit der Zeit gewachsen. „Die Firma war und ist schon immer Bestandteil des Familienlebens gewesen. Aber sie stand nie im Vordergrund, war nie wichtiger als die Familie.“

Wenn der Umzug im kommenden Jahr über die Bühnen gegangen ist, wird die Betriebsfläche nahezu doppelt so groß sein wie heute. Zudem brechen für Irene und Rainer Zwetko neue Zeiten an: „mehr Zeit fürs Motorradfahren, für Theater, Kultur und Reisen.“ Martin werde, so der Plan, die erste Geige übernehmen, aber sie bleiben weiterhin Teil des Orchesters - nur mit weniger Verantwortung. „Ohne ihn hätten wir die Firma in dieser Größe gar nicht führen können“, sagen sie. Da sei es nur folgerichtig, nun weitere Schritte zu gehen und Verantwortung abzugeben. „Aber Golf werden wir deshalb nun sicherlich nicht zu spielen anfangen“, sagt Rainer Zwetko und lächelt seiner Frau zu. Ihr Blick verrät: „Das sehe ich auch so!“

IMPRESSUM

Verfasser	Reinhard Knittler und Patrick Merck
Unterstützung	Volker Beck und Dr. Georg Schildhammer
Verlag	Knittler Medien GmbH, Mittlerer Hubweg 5, 72227 Egenhausen

Satz und Layout	Ingmar Micheel, Knittler Medien GmbH
Fotos und Bilder	Volker Beck, Dr. Gansow Gmatic, Kenter GmbH, Daniel Knittler, Reinhard Knittler, Patrick Merck, Dr. Georg Schildhammer
Druck	WIRmachenDRUCK GmbH, Mühlbachstraße 7, 71522 Backnang

1. Auflage 2017

ISBN 978-3-00-057586-0